JN107050

高校の地理総合が1冊でしっかりわかる本

河合塾講師
瀬川 聡

かんき出版

はじめに

こんにちは，河合塾地理科の瀬川聡です。

2022年度から必履修科目である『地理総合』がスタートしました。本書『高校の地理総合が1冊でしっかりわかる本』を手にとってくれたみなさんは，きっと地理が得意になって，全員地理ファンになってくれるはず！ と信じています。

みなさんは，小学校のときにはじめて「地理」という科目に出会い，中学校でも「地理」を学んできましたね。そんなみなさんに質問をひとつ！「地理が好きですか？ それとも……」

僕は地理（geography）が大好きです！

地理は，geo（地表）に存在する事象のすべてを研究対象とし，相互の関わり（人間の生活と気候との関係など）を明らかにする学問です。研究対象の広さにびっくり！

地表には，地形，気候，土壌，植生などの自然環境があります。そしてこれらの自然環境と関わりつつ，人間が営んできた農業，林業，水産業，工業，商業，サービス業などの経済活動と人々の生活文化があります。このように地理の面白さのひとつは，

地表にあるものすべてを対象にするという懐の広さ，つまり，なんでも学べてしまうというところなのです。

そして，2つめは理系分野の自然環境と文系分野の経済活動，生活文化などについて，文理を問わず，すべて学べてしまうお得感があります。いろいろな側面から知的好奇心を満たしてくれるんですね。

また，学問的に楽しくて好奇心を満たしてくれるだけでなく，みなさんが大学生になっても，社会人になっても，お父さん，お母さんになっても，おじいちゃん，おばあちゃんになっても，実生活で役に立つ学問であり科目なのです。衣食住に限らず，人々の生活のすべてに地理は関わっています。

さらに極めつけは，地理的な見方・考え方を学べば，はじめて経験することに対しても，苦しい場面に陥っても，それを乗り越えることを可能にする resilience が身につきます。すごいでしょう？ 面白くて，役に立って，人間力までUPできるなんて！

地理学は古代ギリシャで誕生した学問のひとつですが，『最も古くて，最も新しい学問』だと言ってもいいと思います。こんな楽しい科目を勉強せずに高校生活を終えるなんてもったいなさすぎる！ まずは必履修科目の『地理総合』で地理的な見方・考え方を身につけ，次のステップでは，選択科目の『地理探究』でより深い探究学習にチャレンジしましょう！

みなさんが少しでも早く地理ファンになってくれることを願いつつ。

河合塾地理科　瀬川聡

地理総合を学ぶにあたって

① 学校の授業を大切にしましょう！　高校の地理の先生方は，みなさんに地理の面白さと有用性を伝えるために，努力しておられます。

② 地理を学ぶ際には，物理的な空間認識が重要になります。できるだけ地図帳を開いて，位置関係を把握しましょう！　もちろん，ただ眺めるだけではなく，「ヨーロッパって緑色で塗られているところが多いのはどうしてだろう？（緑色は低地を表現→平野が広がっているから）」，「アフリカって全体的に茶色っぽいのはなぜかなぁ？（茶色っぽいところは標高が高い→アフリカは高原状の大陸だから）」など，どうせ見るなら興味をもって見るといいですね。

③ もちろん知識を増やすことも大切ですが，自然地理（理系の地理）の分野に関しては成因，人文地理（文系の地理）の分野に関しては背景を考えると，より理解が深まり，地理力が UP します！　ちょっと意識してくださいね。

④ 地表に存在するモノや地表で生じたできごとをただ丸暗記するだけではなく，それらに対して自ら課題を見出し，問題を解決する道を探りましょう！
　　単に「○○は年降水量が2,000mm だ」では無味乾燥で面白くないから，「なぜそんなに雨が多いんだろう？」，「いつごろどんな降り方をするんだろう？」，「○○周辺の人々の生活にどんな影響があるんだろう？」，「どうしたら○○周辺に居住している人々の生活がもっとよくなるんだろう？」みたいなこと考えると，もっともっと興味がわいてきます。

⑤ 最後に本書を楽しみながら熟読しましょう。一発で理解できないところがあっても心配いりません。マーカーなどを手に，僕が強調しているところやみなさんが「これって面白いな」とか「これはすごく大切な内容だな」って感じとれたところにチェックを入れながらやりましょう！

　これを実践すれば，必ず地理が得意になります。そして，映画やドラマを観ても，本を読んでも，ニュースを見ても，家族やともだちと会話しても，新しい世界が広がるはずです。がんばってくださいねー！！

本書の5つの強み

その1 テーマとその目標を読むだけで,学習内容を「大づかみ」できる!

地理総合で学習するそれぞれのテーマ名の下に,テーマの目標やポイントなどを示しています。このテーマで押さえてほしい学習内容をイメージすることができるので,学習効率が確実にアップします!

その2 「小さな理解」を少しずつ積み上げて,「全体理解」につなげることができる!

地理総合の学習内容を,理解しやすいように「小分け」にしながら解説しています。短いスパンの解説でポイントがまとめられているので,要点理解を少しずつ,そして確実に積み上げていくことができます。この少しずつの積み上げが,最終的に地理総合全体の理解につながります!

その3 細かい知識も正確&確実に理解できる

地理総合を本当に理解するために必要なことは,用語の正確な理解と定着です。そのために必要な用語は,本文の下の脚注として表示しています。本文を読みやすくするため,できるだけシンプルな解説にこだわりました。そのため,どうしても必要な用語解説や補足事項は,本文とは別に脚注で解説しています。脚注も含めてしっかり読むことで,理解の正確性,確実性,そして,スピードがアップします!

その4 表・図版内の解説もていねいに!

解説内の表や統計,地図などの図版は,地理総合の理解に必須であることは言うまでもありません。しかし,それらが多すぎると学習量が膨大に……。そこで,必要最低限の表や統計,地図に絞って厳選したうえで掲載しています。

その5 意味つき索引が暗記に役立つ!

巻末の意味つき索引は,だだの索引ではありません。地理総合の用語の解説つき! つまり,用語集としても使うことができます。用語を覚えるのに苦労している……そんな人は,ぜひ,意味つき索引をフル活用してください!

第2章

地球的課題と国際協力 100

第2章

生活圏の調査

第3編

持続可能な地域づくりとわたしたち

第1章

自然環境と防災 ……… 156

第1節 日本の自然環境の特色

カバーデザイン ● Isshiki

本文デザイン ● 二ノ宮匡（ニクスインク）

本文図版 ● 佐藤百合子，オフィスミィ

編集協力 ● 年代雅夫，瀬川正美，オフィスミィ

写真協力 ● pixta, 写真 ac, pixabay

本書の特長と使い方

「章」は，各テーマの学習内容です。テーマ名の下にある目標やポイントを読むことでこのテーマで押さえたい学習内容を大づかみすることができます。

第1章 さまざまな地理的環境と生活文化

世界にはさまざまな地形，気候などの自然環境，宗教，言語などの文化的環境が存在し，人々の生活に大きな影響を与えています。地理的環境と人々の生活との関係性について考えてみましょう！

第1節 地形環境と生活文化

01 山地と人々の生活
山地ではいったいどんな生活が営まれているのだろう？

「節」によって，さらにくわしい学習テーマを明示します。瀬川先生が，押さえておきたいポイントや，理解しやすいように，本テーマの考え方をひと言でまとめてくれています。

1 山地の暮らし

　山地の面積って，陸地面積のどれくらいの割合だと思いますか？　ちょっとイメージしにくいかもしれませんが，**山地は陸地の約24%を占めていて，そこに世界人口の約12%が居住している**のです。山地は平坦地に乏しく，気温が低下するなど自然条件の制約が多いので，人々は棚田*や移牧**などさまざまな工夫をおこないながら生活を営んでいます。

　＊棚田：急傾斜地につくられた階段状の水田。それぞれの水田は水平に保たれている。

　＊＊移牧：家畜を季節によって，垂直的に移動させて飼育する牧畜形式。アルプス山脈，ピレネー山脈などでおこなわれている。

2 山地の恵み

　どうして山地に居住する人がいるのでしょう？　不便なことがいっぱいあるのに……。もちろん，平野に恵まれない国など，山地で生活せざるを得なかった人もいると思いますが，山地にはすごくたくさんの恵みがあるのです。

　たとえば，**豊富な森林資源**，石炭や銅鉱などの**鉱産資源**の存在だけでなく，**多様な栽培植物の起源となる野生種**などの**生物資源**だってたくさんあるし，景観に恵まれた山地は**重要な観光資源**にもなります。

03 海岸と人々の生活
さまざまな海岸地形を，人々はどのしてきたのだろう？

1 離水海岸と沈水海岸

　海面の相対的低下，または陸地の隆起によって形成されたのが**離水海岸**（陸地が水から離れた海岸）です。いっぽう，海面の相対的上昇，または陸地の沈降によって形成されたのが**沈水海岸**（陸地が水に沈んだ海岸）です。用語の意味を取り違えないように！

2 離水海岸　水深が浅く，海岸線が単調！

(1)**海岸段丘**　平坦な**段丘面**と，かつての海食崖である**段丘崖**からなる**階段状の海岸地形**です（図3→p50）。海食崖とは，激しい波の侵食作用によって形成された急崖のことです。

(2)**海岸平野**　浅い海底が離水して形成された砂浜海岸で，ほとんど海面と同じ高さです。地形図で出題されると，ほとんど等高線が入っていないので注意しましょう！日本の九十九里平野とアメリカ合衆国の大西洋岸平野がとっても有名です。

3 沈水海岸

水深が深く，海岸線が複雑！ 天然の良港がみられます。

(1)**リアス海岸**　河川の侵食による**V字谷***が**沈水**してできた，のこぎりの歯状の海岸です。スペイン北西岸や三陸海岸でみられます。入り江（ria）の内側は，海面が穏やかなため，**養殖業**が盛んにおこなわれています。

＊V字谷：河川の侵食作用によって形成された谷。下方に向かっての侵食が強く働くため，横断面がV字状の谷になる。

(2)**フィヨルド**　氷河の侵食による**U字谷***に海水が浸入した細長い湾のことです。V字谷ではなく，U字谷に海水が浸入してきたということに注意しましょう！ 高緯度の大陸西岸に発達していて，ノルウェーやチリでは，**湾内でサーモンの養殖業**も発達しています。また，フィヨルドの景観は，重要な**観光資源**で，世界中の観光客を魅了します。

＊U字谷：氷河の侵食によって形成された谷で，下方侵食とともに側方侵食が働くため，谷底が丸く，谷壁が急崖になり，横断面がU字状の谷になる。

図1　リアス海岸

図2　フィヨルド

地理総合の内容を理解しやすいように，解説をできるだけシンプルに，そして，「小分け」にしました。大切なポイントを，少しずつ＆確実に積み上げることができます。その少しずつの積み上げが，最終的に地理総合全体の理解につながります！

第3章 | 資料から読み取る現代世界

世界の国家群，貿易，情報通信，観光，人の移動など国内や国家間の結びつきの変容
について学ぼう！ そして，地図や統計資料などを読みとる技能を身につけよう！

01 交通の発達

さまざまな交通手段の長所と短所を理解しよう！

1 時間距離の短縮

交通機関の発達により，地球上の地点を結ぶ時間距離が著しく短縮してきました。かつては徒歩，馬車，帆船での移動しかできなかったのに，その後は動力船，鉄道，自動車，航空機の利用が大衆化し，**世界各地が短時間で結ばれるようになったことから，人やモノの移動がグローバルな規模で拡大**しています。世界各地が距離的には遠いのに，時間的にはすご～く近くなってしまったんですね。やった～！！！

図1 縮小する世界
各時代の乗り物で一定距離を移動したときの所要時間に対応して，世界地図が縮小している

図2 東京から各地への時間距離（2020年）
物理的距離ではなく，移動に要する時間によって示される距離

[JTB時刻表をもとに作成]

押さえなくてはいけない表や統計，地図などを厳選して掲載しています。
表や統計，地図などは，その内容が理解できるよう，そして，学習効率が上がるように，本文の解説と連動しています。

[Harvey]

...活の変化

...れ，人やモノの移動が促進されています。

...命以降，陸上交通の主役として活躍してきました。高速
...，自動車が大型化，高速化したことから，自動車に押さ
...それでも定時性に優れ，環境負荷も小さいことから，先
...は大都市間中長距離旅客輸送，大都市圏内部の通通・通学輸送では大健闘しています。また，先進国を中心に高速鉄道も旅客輸送では活躍していますね。

[2] 水上交通 船舶による輸送は，他の交通機関に比べて，かなり**速度は遅い**ですが，抜群に**大量性は優れている**ため，現在でも**世界貿易の中心**です。しかも，単位重量当たりの**輸送費がめちゃくちゃ安い！！！**

近年は，原油を運ぶオイルタンカー，液化天然ガスを運ぶLNG専用船，コンテナ*だけ運ぶコンテナ船などの専用船が輸送の大部分を占めるようになりました。同じ種類のモノを運ぶと積み降ろしの作業（荷役作業）が楽になるし，効率的に運べるからですね。

*コンテナ（container）：製品などを効率的かつ安全に保管・輸送するための鋼鉄（スティール）製ボックスで，用途により規格化されているため，コンテナに対応した船舶，鉄道，トラックなどの輸送手段間で積み替えを容易におこなうことができる。

見ただけではわからない図版も，本文を読むことで理解が深まり，本文の理解も図版を見ることで深まります。

図3 おもな国の国内輸送に占める交通機関の割合

[国土交通省資料ほか]

図4 日本の輸送機関別輸送量とエネルギー消費の割合（2017年度）

[『日本国勢図会 2020/21』]

さらに理解を深めるために「発展学習」のコーナーを設けました。地理総合をより深く理解することで，定期テストはもちろん，大学入学共通テストなどの入試対策にも効果を発揮します。

📖 発展学習①〜地理の学びを深める〜

世界の大地形

① プレートテクトニクス

大陸と海洋の配置を**プレート***の運動によって説明する理論。地球の表層は，厚くて**軽い大陸プレート**と，薄くて**重い海洋プレート**に覆われていて，プレートの下の流動性のある**マントル****に浮いている。マントルの動きによって，プレートもそれぞれ移動する。

＊プレート：地球表層を覆っている岩盤で，海洋プレートは約7km，大陸プレートは約20〜70kmの厚さ。

＊＊マントル：プレートの下にあるかんらん岩からなる部分。固体のマントルが溶けて上昇するのがマグマ。

図1　世界のおもなプレートの分布

② 安定地域と変動帯

プレート中央部に安定地域（安定陸塊），プレート境界には地球表面の起伏が変動している変動帯が分布。

[1] **せばまる境界（収束境界）**　**プレートの衝突**によってヒマラヤ山脈などの大山脈が，**プレートの沈み込み**によって海溝*や島弧**が形成。

＊海溝：海洋プレートの沈み込みによって形成された溝状の海底で，水深が6,000m以上のものをいう。海溝付近では，海溝型地震の多発地帯となり，2011年の東北地方太平洋沖地震もこれに当たる。

＊＊島弧：おもにプレートの沈み込みによって形成された弧状の列島で，日本列島のように海溝と並行していることが多い。

[2] **広がる境界（発散境界）**　**プレートが互いに離れる**ことによって，地球表面にマグ...海底には海底山脈の海嶺を形成。

...**プレートが互いに異なる水平方向に移動する**ことによって，横ずれ断...

📝 **第2章 地球的課題と国際協力** ✓ チェックテスト

[第4節]　食料問題

問1　次の文章中の空欄に適当な語句を入れなさい。

1　国・地域による「食の不均衡」は著しく，先進地域では 〔①〕 による肥満問題，生産過剰による 〔②〕，発展途上地域では飢餓や栄養不足が問題となっている。

2　「〔③〕」は，第二次世界大戦後の発展途上国における食料不足を解消するための動きで，米，小麦などの 〔④〕 を開発・普及させたため，東南アジア，南アジアでは穀物生産が増加した。

3　アフリカでは，アジア米とアフリカ米をかけあわせて改良した 〔⑤〕 の導入が進められている。

4　近年は，「食の安全」を確保するため，農産物の生産・輸送の履歴を明らかにする 〔⑥〕 の制度が導入されつつある。

5　〔⑦〕 を利用して開発された 〔⑧〕 も普及しつつあり，日本では 〔⑧〕 を使用した食品については，表示義務がある。

6　食料の輸送量と輸送距離をかけあわせた指標を 〔⑨〕 といい，地球環境への負荷の大小を示している。

問2　次の文章のうち，適当でないものをすべて選びなさい。

1　FAO（国連食糧農業機関）の資料によると，世界の人口増加率は食料生産増加率を上回っている。

2　食品ロスとは，本来食べることができるのに，廃棄されてしまう食品のことである。

3　発展途上国では，自給用作物の生産が中心で，外貨を獲得するための輸出用作物の生産が遅れている。

4　日本食は低カロリーで栄養のバランスが良いこともあって，日本の1人1日当たり供給熱量は，欧米先進国に比べて低い。

5　地球環境への負荷を軽減させるため，地元で生産された農産物を地元で消費しようという「地産地消」の考え方が提唱されている。

答え　問1　①飽食　②食品ロス　③緑の革命　④高収量品種　⑤ネリカ　⑥トレーサビリティ
　　　　　⑦バイオテクノロジー（生物工学，遺伝子工学）　⑧遺伝子組み換え作物（GMO）　⑨フードマイレージ
　　　問2　1（食料生産増加率が人口増加率を上回っている）
　　　　　　3（輸出用作物の生産に重点が置かれ，自給用作物の生産が遅れているため，食料不足に陥る）

テーマの最後のチェックテストで，学習内容の定着を図ります。もし，答えることができない問題があれば，本文に戻って確認しましょう。

第 1 編

地図や地理情報システムでとらえる現代世界

第1章 わたしたちが暮らす世界

地球上での位置関係を表す緯度や経度，地球儀と世界地図など地理学習の基本となる位置や範囲のとらえ方，表し方を学び，地理的技能を身につけましょう。

01 緯度と経度

 緯度と経度っていったいなんだろう？

---

1 位置 地理を学ぶにあたっては，物理的な空間と位置関係が重要！

〔1〕**絶対位置** 緯度と経度による地球上の座標のことです。

例 東京（新宿区の都庁所在地）は，北緯35度41分，東経139度41分に位置する。

〔2〕**相対位置** 異なる対象（オブジェクト）の位置関係のことです。

例 カナダは，アメリカ合衆国の北に位置する。パリはフランス北部に位置する。

〔3〕**緯度と経度のしくみ**

① **緯度** 地球上における**南北の位置関係**を表します。赤道（緯度0度）からの南北方向の角度で示し，赤道より北側を北緯，南側を南緯とし，それぞれ90度まであります。同じ緯度の地点を結んだ線のことを，緯線と理解すればいいですね。

② **経度** 地球上における**東西の位置関係**のことです。ロンドンを通過する**本初子午線（経度0度）**と，ある地点と北極，南極を通過する**大円**＊との角度で示します。本初子午線より東側を東経，西側を西経で示し，それぞれ180度まであります。同じ経度の地点を結んだ線が経線です。

＊大円：球面とその中心を通る平面との交わりで，球面上に描くことができる最も大きな円のこと。

図1 緯度と経度

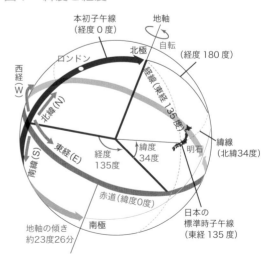

2 緯度と太陽高度の関係

南中［なんちゅう］*時の太陽高度は，低緯度ほど高く，高緯度ほど低いため，**低緯度ほど高温，高緯度ほど低温**になります。

> *南中：太陽が真南に来ること。南中高度（太陽と地表面との角度）は，春分，秋分のときは赤道直下で90度，夏至のときは北回帰線上，冬至のときは南回帰線上で90度になる。

図2 地球の公転と季節

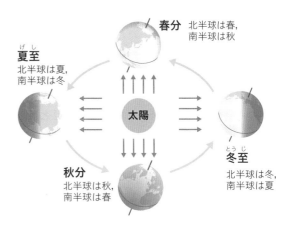

春分 北半球は春，南半球は秋

夏至［げし］北半球は夏，南半球は冬

太陽

冬至［とうじ］北半球は冬，南半球は夏

秋分 北半球は秋，南半球は春

〔1〕**昼夜の長さの変化**　**赤道上では，季節による昼夜の長さはほぼ同じです**が，**高緯度になるほど，夏は昼が長く，夜が短く**なります。

〔2〕**白夜と極夜**［びゃくや］［きょくや］　北極圏*や南極圏では，1日中日が沈まない白夜や1日中日が昇らない極夜が訪れます。高緯度のヨーロッパに夏旅行すると，昼間が長いので，最初は楽しくてしかたないですが，調子に乗って活動し続けると疲れちゃいます。

> *北極圏：北極圏は北緯66度33分以北，南極圏は南緯66度33分以南の地域！

図3 昼夜の長さの変化（2020年）

*サマータイムは考慮していない

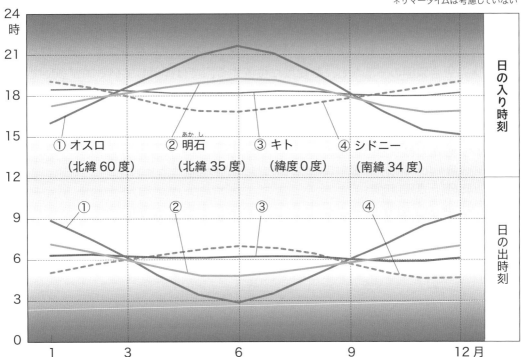

① オスロ　（北緯60度）　② 明石［あかし］（北緯35度）　③ キト（緯度0度）　④ シドニー（南緯34度）

日の入り時刻

日の出時刻

オスロのように緯度の高い地域では，明るい時間に長く活動できるように夏の時刻を1時間進ませて過ごすサマータイムを導入している国がみられる。オスロはスウェーデン，明石は兵庫県，キトはエクアドル，シドニーはオーストラリアの都市。

［国立天文台資料をもとに作成］

③ 経度と時差

地球は 24 時間で 1 回転するので，**経度 15 度で 1 時間の時差**が生じます。

[1] GMT（Greenwich Mean Time）　グリニッジ標準時で，世界の時刻の基準となります。ロンドンの旧グリニッジ天文台付近を，本初子午線（経度 0 度）が通過しています。

[2] 日付変更線　**経度180度にほぼ沿う線**です。日付変更線の西から 1 日が始まり，東で終わります。**東半球（東経）では，経度の数値が大きいほど時刻が進み，西半球（西経）では，数値が小さいほど時刻が進んでいます。**

[3] 標準時（standard time）　**国家が共通で使う時刻**のことです。標準時で用いる時刻は，協定世界時（UTC）*との差が1時間または30分単位となる経度の時刻を利用することが多いですね。共通の標準時を使う地域を等時帯（time zone）といいます。日本は，**兵庫県明石市**付近を通過する**東経135度線**を利用していますが，ロシア（11）やアメリカ合衆国（6）などのように広大な国土を有する国は，複数の標準時を設定しています。ロシアで標準時が 1 つだったら，西端と東端では約半日ずれてしまうので，とっても不便！

　＊協定世界時（Universal time coordinated）：セシウム原子を利用したセシウム原子時計を基本にした時刻で，現在世界時間の基準となっている。GMT（グリニッジ標準時）は，ロンドンの旧グリニッジ天文台を経度 0 度と定め，太陽の南中時刻を午後 0 時と定めた時刻は，UTC と GMT はほぼ差がないため，日常生活では UTC と GMT はほぼ同じと考えてよい。

[4] サマータイム　1年のうち夏を中心とする時期（太陽高度が高い時期）に，**太陽が出ている時間を有効に利用するため，標準時を 1 時間進めた時刻**です。通常は春に 1 時間時刻を進め，秋になると 1 時間遅らせて，標準時に戻します。ヨーロッパやアメリカ合衆国の一部など，高緯度に位置する国では採用している国が多いです。

[5] 対蹠点　地球上のある地点に対して，**真裏にある地点**のことです。

対蹠点を求めてみよう！

a 東京の位置を北緯36度，東経140度とすると，対蹠点の位置は？
　① 北緯36度，西経140度
　② 北緯36度，西経40度
　③ 南緯36度，東経140度
　④ 南緯36度　西経40度

b カイロ（エジプト）の位置を北緯30度，東経30度とすると，対蹠点の位置は？

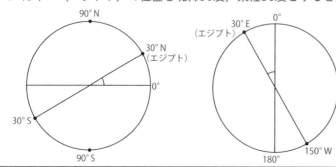

答え　a ④
　　　b 南緯30度，西経150度

〔6〕時差を利用した経済活動　グローバル化の進行により，時差を利用した経済活動が**活発化**しています。多国籍企業による24時間体制の研究開発・生産・営業・サービス活動などがおこなわれています。たとえば，アメリカ合衆国の**シリコンヴァレー**でソフトウェアの研究・開発をおこなう場合，**アメリカ合衆国とインドではおよそ12時間の時差**（図5）があることを利用して，昼間はアメリカ合衆国で，夜間はインドでおこなえば，24時間連続で研究・開発をおこなうことが可能になります。

例 ソフトウェア産業の多国籍化

📍 時差計算のポイント！

a　東半球（東経）どうしの時差計算
東京（東経135度）とカイロ（東経30度）の時差は，(135－30)÷15＝7時間となり，東京の時刻が7時間進んでいる。

b　西半球（西経）どうしの時差計算
ロサンゼルス（西経120度）とニューヨーク（西経75度）の時差は，(120－75)÷15＝3時間となり，ニューヨークの時刻が3時間進んでいる。

c　東半球（東経）と西半球（西経）どうしの時差計算
東京（東経135度）とニューヨーク（西経75度）の時差は(135＋75)÷15＝14時間となり，東京の時刻が14時間進んでいる。

図4　時差*

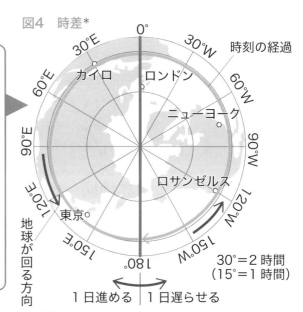

時刻の経過

30°＝2時間
（15°＝1時間）

地球が回る方向

1日進める　1日遅らせる

＊北緯30度は30°N，東経120度は120°Eと示すことがある。同様に南緯30度は30°S，西経90度は90°Wと示す。

図5　世界の標準時（2021年）

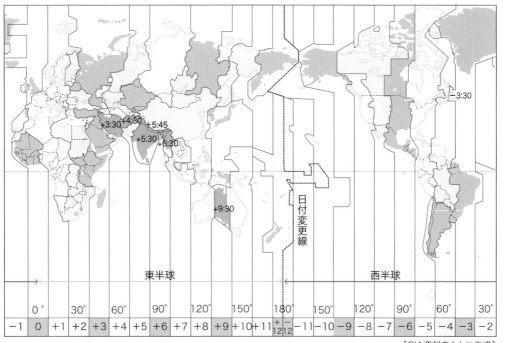

	0°		30°		60°		90°		120°		150°		180°		150°		120°		90°		60°		30°	
−1	0	+1	+2	+3	+4	+5	+6	+7	+8	+9	+10	+11	+12/−12	−11	−10	−9	−8	−7	−6	−5	−4	−3	−2

東半球　　　西半球

日付変更線

[CIA資料をもとに作成]

02 地球儀と世界地図
地球上での位置関係をビジュアルでとらえるには，地球儀と世界地図が必要！

1 **地球儀と世界地図**　地球儀も世界地図もとっても便利！　だけど……

〔1〕**地球儀**　地球と同じように，球面上に表現！　**距離，面積の比が正しく，方位と角度もすべて正しいです。**でも携帯や作業には不便だな～。

〔2〕**世界地図**　球面を平面に表現しているので，**距離，面積，方位，角度をすべて同時に正しく表現することはできません。**つまり，距離（比），面積（比），方位，角度のどれかは間違っているってことです。でも，携帯，作業には適していて，一覧性に優れるので，やっぱり便利！

2 **さまざまな世界地図**　目的（用途）に最も適した図法を選択！

〔1〕**正積図法**　地球上での面積比が正しく表現されているので，分布図に使用されます。**面積比が正しくないと，読む人に誤解を与えてしまうのです。**たとえば，日本がものすごくでっかくて，アメリカ合衆国がものすごくちっちゃく表現されている世界地図で，小麦の分布を示すと，「日本が世界最大の小麦生産国だ！」みたいな誤解を与えてしまいます。

図1　サンソン図法　　　図2　モルワイデ図法　　　図3　グード図法

〔2〕**正角図法**　メルカトル図法では，**2地点間を結ぶ直線と経線との角度が一定になる等角航路（等角コース）を直線で示すことができる**ので，古くから航海図に使用されてきました。でも，**高緯度になると著しく距離と面積が拡大され，方位も正しくないので要注意！**

図4　メルカトル図法

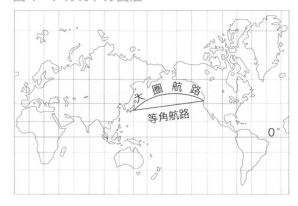

〔3〕**正距方位図法**　**中心からの距離と方位が正しく表現**されていて，航空図に使用され
てきました。**図の中心からだけ，距離と方位が正しい**ことに注意しましょう。中心
と任意の点を結ぶ直線は，大圏（最短）航路（コース）を示しています。

図5　東京とホノルルを中心とした正距方位図法

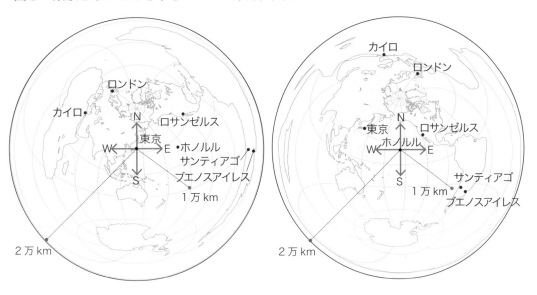

図6　方位の調べ方

東京から見た方位を調べる場合、直角に交わる
ようにした紙テープの交わる点を東京の上に置
き、1本のテープを北極と南極を結ぶ経線に沿っ
て置くと、もう1本のテープは東京から見た東
西方向を示すことになる。

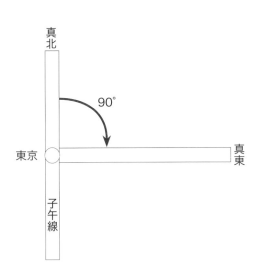

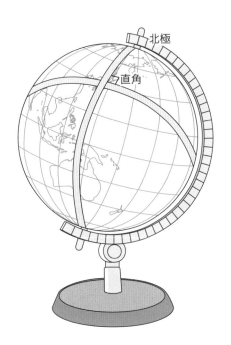

03 日本の位置と領域
日本列島の位置と領域を正確に理解しよう！
日本のことは，日本人がいちばんわかっていない
とマズイ！！！

1 国家の領域

国家の**主権***が及ぶ範囲で，他国とは国境で隔てられています（図1）。

*主権：国民や領土を統治する権力のこと。

[1] **領土** **主権が及ぶ陸域**で，陸地の他に河川，湖沼などの内水面も含みます。

[2] **領海** **主権が及ぶ海域**で，干潮時の海岸線から12海里までと定められています。排他的経済水域*は沿岸から200海里までの海域になります。

*排他的経済水域：水産資源，鉱産資源の探査，開発などについて，沿岸国に排他的権利が認められている海域（他国に邪魔されず自由に活動できる海域）。国連海洋法条約（1994年発効）により沿岸から200海里と定められている。

[3] **領空** **主権が及ぶ空域**で，領土・領海の上空。宇宙空間には主権が及びません。宇宙空間にまで主権が及んだら，大変な事態に……。

[4] **国境** **国家と国家を隔てる境界線**のことです。

① **自然的国境** 海洋，河川，山脈，湖沼などの自然の障壁を境界とする国境です。日本やイギリスのような島嶼国は，海洋を国境として利用しています。

② **人為的国境** 経緯線や壁などの人工物を境界とする国境です。経緯線を利用する場合には数理的国境とよばれます。

図1 国家の領域

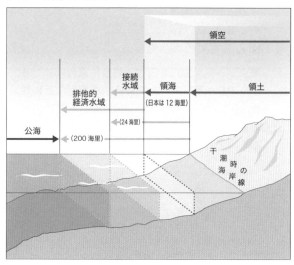

2 日本の領域

北端は択捉島，東端は南鳥島，南端は沖ノ鳥島，西端は与那国島で，北端と南端の緯度差は25度にもなります。北海道の北端はおよそ北緯45度，九州の南端はおよそ北緯30度！（図2）

[1] **領土** 日本の主権が及ぶ陸域で，**主要四島（北海道，本州，四国，九州）と多数の島々**からなります。島の数は，インドネシア，フィリピンなどと同様に世界でもトップクラスで，なんとその数は14,125（2023年）！！

[2] **領海** 日本の主権が及ぶ海域で，**太平洋，日本海，オホーツク海，東シナ海**に及びます。領海と排他的経済水域を合わせた面積は，なんと世界第6位！

〔3〕**領空** **日本の主権が及ぶ空域**で，領土・領海の上空です。もちろん，宇宙空間は含みません。

〔4〕**排他的経済水域** **海洋資源について日本が排他的権利を有する海域**で，沿岸から200海里までです。境界線の一部は関係国と協議中。

図2 日本の領域

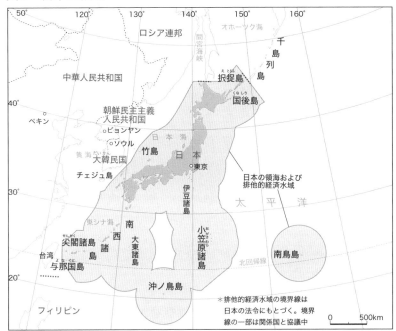

③ 日本の領土問題

〔1〕**北方領土問題** 択捉島，国後島，色丹島，歯舞群島からなる北方領土は，**北海道に属する日本固有の領土！！！**でも，第二次世界大戦後からソ連・**ロシアが不法占拠**を続けていて，日本政府は返還を求めています（図3）。

〔2〕**竹島問題** 日本海に浮かぶ竹島は，**島根県に属する日本固有の領土です**が，**韓国が不法占拠**を続けているため，日本政府は抗議を続けています。

〔3〕**尖閣諸島** 東シナ海に位置し，**沖縄県**に属する尖閣諸島は，**日本が固有の領土として有効に支配**を続けているため，領土問題は存在しませんが，**中国**などが領有を主張しています。

図3 北方領土と歴史

①1854年の日露和親条約

②1875年の樺太・千島交換条約

③1905年のポーツマス条約

④1951年のサンフランシスコ平和条約

第1章 わたしたちが暮らす世界 チェックテスト

問1 次の文章中の空欄に適当な語句を入れなさい。

1 緯度は地球上における ① の位置関係を示す座標で，経度は ② の位置関係を示す。

2 赤道上では，季節による昼夜の長さは同じだが，高緯度になるほど夏は昼が ③ く，夜が ④ くなり，北極圏では夏に ⑤ が，冬に ⑥ が訪れる。

3 日本の標準時は，兵庫県明石市付近を通過する東経 ⑦ 度を利用している。

4 北緯50度，東経30度の対蹠点は，南緯 ⑧ 度，西経 ⑨ 度である。

5 東京とロサンゼルス（120°W）の時差は， ⑩ 時間である。

6 世界地図では，距離，面積， ⑪ ，角度を同時に正しくは表現できない。

7 メルカトル図法では，二地点間を結ぶ直線で， ⑫ を示すことができる。

8 領海は，主権が及ぶ海域で，干潮時の海岸線から ⑬ 海里と定められている。

9 北方領土は，日本と ⑭ 間の領土問題を抱えており， ⑮ 島，国後島，色丹島，歯舞群島からなる。

問2 次の文章のうち，適当でないものをすべて選びなさい。

1 南中時の太陽高度は，低緯度ほど高く，高緯度ほど低いので，低緯度ほど高温，高緯度ほど低温になる。

2 トウモロコシの栽培地域を示すには，正距方位図法が最も適している。

3 正距方位図法では，任意の二地点を結ぶ直線が，最短航路（コース）を示している。

4 国連海洋法条約では，発展途上国のみに排他的経済水域（EEZ）を認めている。

5 北海道の北端はおよそ北緯45度，九州の南端はおよそ北緯30度で，日本の領域の北端と南端の緯度差はおよそ25度である。

6 日本海に浮かぶ竹島は，島根県に属する日本固有の領土である。

答え 問1 ① 南北 ② 東西 ③ 長 ④ 短 ⑤ 白夜 ⑥ 極夜 ⑦ 135 ⑧ 50
⑨ 150 ⑩ 17 ⑪ 方位 ⑫ 等角航路（コース） ⑬ 12 ⑭ ロシア ⑮ 択捉

問2 2 （分布図には，正積図法が適する）

3 （中心と任意の点を結ぶ直線が，最短航路）

4 （EEZは，全加盟国に認められている）

第2章 地図や地理情報システムの役割

地図にはいろいろな種類があります。地図は，とっても便利ですが，さまざまな目的のため，用途に適した地図が作成されているので，なんのために地図を見るのかという目的を明確にしたうえで選択しなければなりません。

01 地図の種類

 地図にはさまざまな種類がある！

1 一般図と主題図

[1] **一般図**　地表の**事象を網羅的に表現**した**地図**で，さまざまな用途に使用されています。国土地理院発行の**地形図**，**地勢図***などが代表例です。

*地勢図：国土地理院が発行している 20 万分の 1 の地図。地形図と同様に，ユニバーサル横メルカトル（UTM）図法によって作成され，府県レベルの地形，水系，集落等の概況を読み取ることができる。

[2] **主題図**　**ある特定のテーマを表現**した**地図**で，特定の目的のために使用されます。

　① **さまざまな主題図**　大地形区分図，気候区分図，農業地域区分図，土地利用図，住宅地図など。

　② **統計地図**　各種の**数値データを地図化**したもので，さまざまな表現方法があります。

[3] **アナログ（紙の）地図とデジタル地図**

　① **デジタル地図**　パソコン，タブレット，スマートフォンの画面で表示できるように**データ化**された**地図**で，**ソフトウェア（Software）**や**ウェブサイト（Website）**を通じて提供されています。特にインターネットを利用し，直接ウェブサイトから利用できるWeb地図は便利！

　② **デジタル地図の利点**　**表示位置や領域を自由に変更**することができ，インターネットなどを通じて，**最新の情報に更新**できます。これは便利だ！

02 地形図のルール
地形図を使って，地域の地形，水系，土地利用などを読み取ろう！

1 地形図

　国土地理院が発行している一般図で，1/10000，1/25000，1/50000 などがあります。等高線と地図記号を用いて，**地形，水系，土地利用を表現**することによって，地域のさまざまな事象間の関係を読み取ることができるとっても便利な地図です。

2 等高線と地図記号

　〔1〕等高線　**同じ高さの地点を結んだ線**で，縮尺の違いによって，数値は異なります。

　〔2〕等高線のルール
　① 計曲線と主曲線は閉曲線になる。
　② 閉曲線の内側は外側より標高が高い。
　③ 等高線は交わらない。
　④ 等高線の間隔が狭いと急傾斜，広いと緩傾斜であることを意味する。

図1　等高線の種類

	5万分の1	2万5000分の1	線の表現
計曲線	100m間隔	50m間隔	——
主曲線	20m間隔	10m間隔	——
第1次補助曲線	10m間隔	5m間隔 2.5m間隔	— —
第2次補助曲線	5m間隔	（数値を表示）	— — —

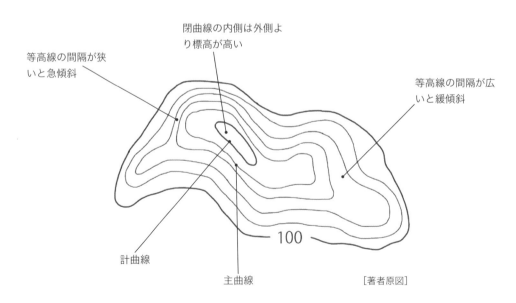

[著者原図]

〔3〕**地図記号** 地形図において，**地形，道路，施設，土地の状況などを表現**するための記号で，国によってさまざまな地図記号が作成されています。地図記号は，小学校，中学校，高校でかなり長い期間学んできたと思いますが，忘れているモノもあるでしょうから，図2でもう一度確認をしておきましょう！

図2 地図記号の一覧

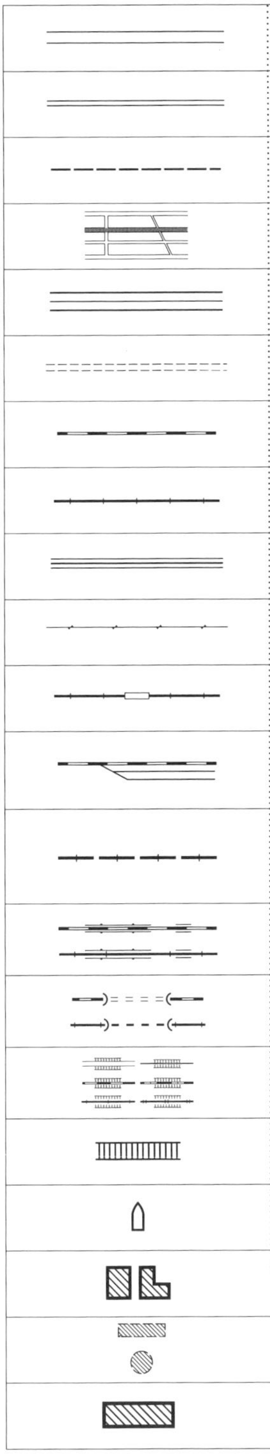

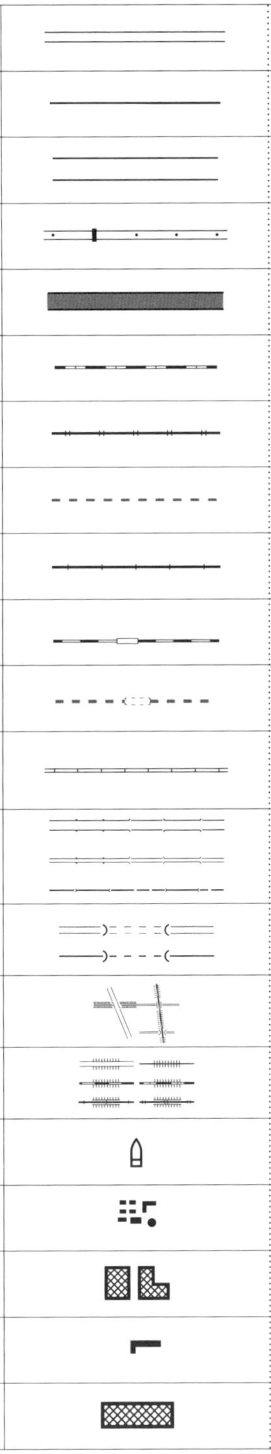

記号	名称	記号	名称
	4車線以上の道路		2車線の道路
	1車線の道路		軽車道
	徒歩道		真幅道路
	街路		有料道路，料金所
	分離帯等		国道等
	庭園路		JR線（複線以上）
	JR線（単線）		JR線以外（複線以上）
	JR線以外（単線）		地下鉄および地下式鉄道
	路面の鉄道		特殊鉄道
	リフト等		駅（JR線）
	駅（JR線以外）		駅（地下鉄および地下式鉄道）
	側線		建設中または運行休止中の鉄道（JR線）
	建設中または運行休止中の鉄道（JR線以外）		道路橋
	鉄道橋		トンネル（道路）
	トンネル（鉄道）		立体交差
	切取部		盛土部
	石段		渡船（フェリー）
	渡船（その他の旅客船）		独立建物（小）
	独立建物（大）		中高層建物
	建物類似の構築物		総描建物（小）
	総描建物（大）		中高層建物街

	樹木に囲まれた居住地		墓地
	市役所		町村役場
	官公署		裁判所
	税務署		森林管理署
	気象台		消防署
	保健所		警察署
	交番		郵便局
	小中学校		高等学校
	大学		短期大学
	高等専門学校		病院
	神社		寺院
	博物館		図書館
	自衛隊		工場
	発電所等		老人ホーム
	三角点		水準点
	電子基準点	·124.7	現地測量による標高点
·125	写真測量による標高点		高塔
	記念碑		煙突
	電波塔		油井ガス井
	灯台		坑口
	指示点		風車
	送電線		へい
（地上）（地下）（空間）	輸送管		擁壁（小）
	擁壁（大）		土堤
	城跡		史跡・名勝・天然記念物
	噴火口・噴気口		温泉

⚒	採鉱地	▨	採石地
⚓	重要港	⚓	地方港
⚓	漁港	—··—··—	都府県界
—·—·—·—	北海道の支庁界	— — — —	郡市，東京都の区界
—··—··—	町村・政令市の区界	— — —	所属界
··············	植生界	— — — — — —	特定地区界
‖	田	⌄	畑
○	果樹園	Ⅴ	桑畑
∴	茶畑	○	その他の樹木畑
Q	広葉樹林	Λ	針葉樹林
↓	ハイマツ地	ᘜ	竹林
↑	笹地	↟	ヤシ科樹林
ᴨ	荒地		かれ川
	地下の水路	→	流水方向
	干潟		隠顕岩
(小) — ⊢ (大)	ダム	(小) ‖ (大)	せき
(小) ·· (大) ＝＝＝	水制	●—●	水門
	防波堤	(小) / (大)	滝
4.5	岸高	+6.0	比高
·27	水深	−125−	水面標高
	湿地		砂れき地
	万年雪	— 等高線 / 等深線	主曲線
—50— 等高線 / —50— 等深線	計曲線	— 等高線 / 等深線	補助曲線
(小) ⊙ (大) ◎	陸上の凹地	⊙	湖底の凹地
(岩) (土)	がけ		岩
	雨裂	(小) (大)	湖底のがけ

[国土地理院]

〔4〕**地理院地図** **地形図，写真，地形分類，標高，災害情報**など，**日本の国土のようす を表現したウェブ（Web）地図**で，電子国土基本図をもとに作成されています。国土地理院が発信していて，携帯端末（スマホ，タブレット）さえあれば閲覧できるので，自分の居住地やその周辺を見てみましょう。大学入学共通テストでは，頻繁に使用されているので注意！

・**地理院地図の優れた点** 縮尺を自由自在に変えられる，3D（三次元表示）で見ることができる，地形断面図を作成することができる，新旧の写真を比較できるなど。

図3 Web地図の画面（富士山の断面図の例）

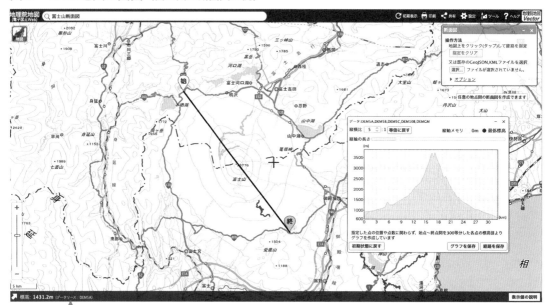

［国土地理院］

🔵 地形図読図のポイント！

① **距離** 2万5千分の1地形図の図上で，ある地点A〜B間が4cmの場合，実際の距離は4cm×25,000＝1km。5万分の1地形図の図上で，ある地点C〜D間が4cmの場合は4cm×50,000＝2km。

② **面積** 5万分の1地形図の図上で，2cm×2cm四方の水田があった場合，実際の面積は（2cm×50,000）×（2cm×50,000）＝1km²。2万5千分の1地形図の図上で，半径（r）が2cmの湖があった場合は半径2cmの円ととらえ，実際の面積は（2cm×25000）×（2cm×25000）×3.14≒0.8km²。

③ **平均勾配** **2地点間の標高の差 / 2地点間の水平距離**で算出。2万5千分の1地形図において，A地点（標高200m）とB地点（標高400m）の平均勾配を求める場合には，A〜B間の図上での水平距離が4cmであるならば，（400m−200m）÷（4cm×25000÷100）＝200/1000＝1/5となる。つまり水平距離を5m進めば，標高が1m上がるということ。

④ **集水域（流域）** 降った雨が河川，湖，ダムなどに集まる範囲のこと。集水域の境界は分水界で，**分水界は尾根に対応**することに注意！

⑤ **土地利用**

a **乏水地**（水が得にくい地域）では，取水が容易な場所に集落が配置。
扇状地では，湧水に恵まれる**扇端**に集落が列状に配置。
台地や海岸段丘，河岸段丘では，湧水に恵まれる**崖下**に集落が配置。

b **豊水地**（水害のおそれがある地域）では，周囲より高いところに集落が立地。
氾濫原や三角州では，洪水の際に冠水しにくい**自然堤防**上に，**集落が列状に配置**。

c 新旧地形図の読図によって，**土地利用の変化を読み取る技能を身につけよう！**

03 主題図の種類と読み取り

統計地図はとっても便利！

1 主題図と統計地図

〔1〕**主題図**　**ある特定のテーマに関する情報を表示した地図**で，気候区分図，土地利用図，人口分布図などさまざまな地図があります。

〔2〕**統計地図**　**数値情報を地図化**したもので，**絶対分布図**と**相対分布図**があります。テーマや作成の意図に適した統計地図を作成する必要があります。せっかく作成しても，読み手にとってわかりにくければ意味がない！

① **絶対分布図**　人口，牛の飼育頭数，小麦の生産量，GDP（国内総生産）などの**絶対値を表現**した地図です。

② **相対分布図**　人口密度，1人当たりGNI（国内総所得），単位面積当たりの小麦収穫量などの**相対値を表現**した地図です。

〈a〉**階級区分図**　数値データをいくつかの階級に区分し，**色の濃淡，模様の粗密**などで表現した地図で，**相対値のデータを示す**のに用いられます。国別や都道府県別の人口分布などの絶対値を示す場合には，適していないので使わないようにしましょう！（図1）

〈b〉**図形表現図**　数値データを**円などの図形の大きさで表現**した地図です。（図2）

図1　階級区分図（オーストラリアの人口密度）

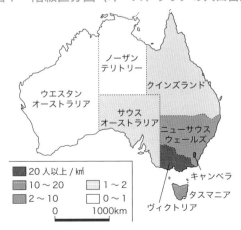

図2　図形表現図
（オーストラリアの都市の人口）

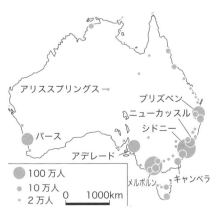

〈c〉 **ドットマップ** 数値データを点の数や大きさで表現し，事象の分布を示した地図です。(図3)

〈d〉 **流線図** 人やモノの移動量や移動方向を流線で表現した地図です。貿易や交通のテーマでよく使用されます。(図4)

〈e〉 **等値線図** 気温や降水量などの同じ値の地点を結んだ線で表現した地図です。等温線図，等降水量線図が代表的ですね。(図5)

〈f〉 **カルトグラム** 地図上の面積を数値に比例させ，形を変形することで表現した地図です。ちょっと怪しい形をした地図です。(図6)

図3　ドットマップ
（オーストラリアの牛の飼育頭数）

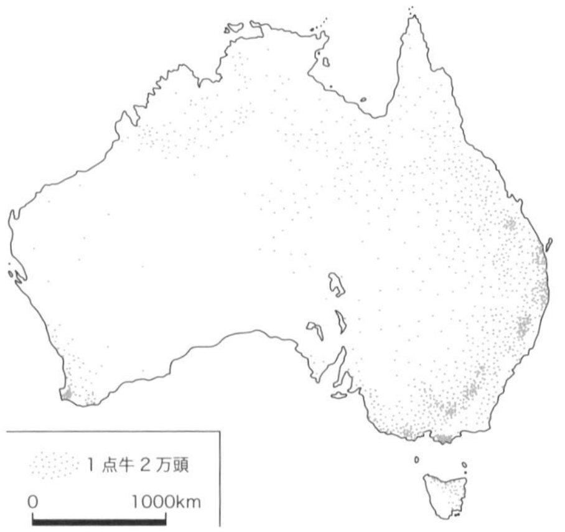

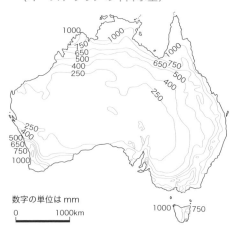

1点牛2万頭
0　　　1000km

図4　流線図（日本の木材輸入先）

（2016年・100万㎥以上）
＊丸太と木材製品の合計

（万㎥）
■■■ 500 以上
―― 300 ～ 500
―― 100 ～ 300

図5　等値線図
（オーストラリアの年降水量）

数字の単位は mm
0　　　1000km

図6　カルトグラム（日本の都道府県別人口）

[2015年　国勢調査]

2 主題図の読み取り

主題図から読み取れることを次の2つの例で確認してみましょう。けっこう面白いですよ！

〔1〕ケッペンの気候区分図

・赤道付近には**熱帯**が広く分布。

・北緯20度から30度には，**乾燥帯**が広がるが，同緯度のユーラシア大陸東岸には乾燥帯は分布していない。

・ユーラシア大陸東岸から内陸の北緯40度から60度には，**亜寒帯（冷帯）**が広がるが，同緯度のユーラシア大陸西岸には**温帯**が分布している。

図7　ケッペンの気候区分図

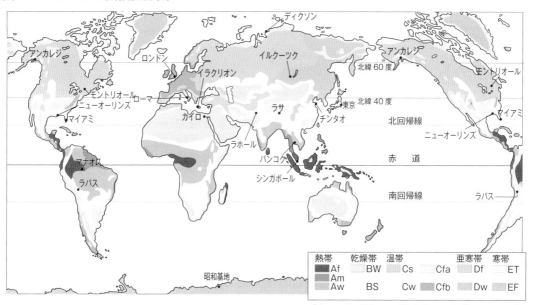

[ケッペン原図，ガイガーほか修正，ほか]

〔2〕都道府県別の肉牛の飼育頭数

・**北海道，南九州**などで飼育頭数が多い。

・東日本では，日本海側より**太平洋側**での飼育頭数が多い。

・東京都は飼育頭数が少ないが，周辺地域（**千葉県，茨城県，群馬県**など）では飼育頭数が多い。

図8　都道府県別の肉牛の飼育頭数（2020年）

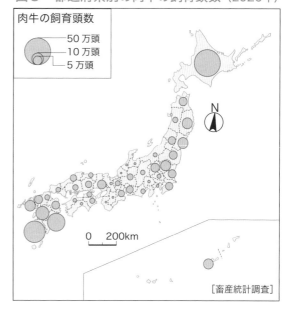

[畜産統計調査]

29

04 地理情報システムと地図

地理情報システム（GIS）ってめちゃめちゃ便利！

1 GISと位置情報

　ICT（情報通信技術）の発達により，地理情報がデジタル化され，GIS（地理情報システム）が幅広い分野で使用されるようになりました。日本では，地理空間情報活用推進基本法（2007年）によりGISなどの活用が推進されています。**『地理総合』では，重要なテーマの1つなので，**がんばってマスターしよう！

2 GISのしくみと活用

〔1〕GIS（Geographic Information System：地理情報システム）

　　GISは，**デジタル化された地理情報をさまざまな表現方法で地図化し，分析するしくみ**です。パソコンにインストールし使用するデスクトップGISとインターネットを介して使用するWeb GISがありますが，お手軽なのはWeb GIS！

　　もし，時間があればタブレットやスマホで少し触ってみるといいですね。位置情報の取得には，人工衛星（じんこうえいせい）からの電波を受信して現在位置を求めるGNSS（Global Navigation Satellite System：全球測位衛星システム）が利用されています。GNSSは，日本ではGPSという名称が最もポピュラーですが，「**GPS**」はアメリカ合衆国，「**みちびき**」は日本，「**ガリレオ**」はEUが整備したGNSSです。

〔2〕レイヤ（layer）とオーバーレイ（Overlay）

　　地理情報は，同じ種類のデータを**レイヤとよばれるまとまり**で管理されていて，それぞれのレイヤを重ね合わせて表示しています（オーバーレイ）。

　　たとえば，図1のような位置情報を示したベースマップ*に，土地利用データなどのレイヤをオーバーレイして，土地利用図を作成するというやり方をとっています。

　　＊ベースマップ：白地図のような基本となる背景地図のこと。

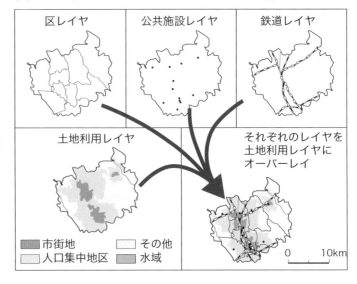

図1　レイヤとオーバーレイ（さいたま市の例）

第2章　地図や地理情報システムの役割　チェックテスト

問1　次の文章中の空欄に適当な語句を入れなさい。

1　地図には，地表の事象を網羅的に表現した　①　と特定のテーマを表現した　②　があり，前者には地形図，地勢図，後者には気候区分図，土地利用図などがある。

2　地形図は，　③　と地図記号を用いて，地形，　④　，土地利用などを表現した地図で，国土地理院が発行している

3　統計地図は，数値情報を地図化したもので，人口，羊の飼育頭数などを表現する　⑤　と人口密度，100人当たり移動電話契約数などを表現する　⑥　がある。

4　統計地図のうち，人やモノの移動量や移動方向を示すのには，　⑦　が適している。

5　統計地図のうち，地図上の面積を数値に比例させ，形を変形することで表現した地図を　⑧　という。

6　GISは，　⑨　化された地理情報をさまざまな表現方法で地図化し，分析するしくみである。

7　GNSS（全球測位衛星システム）のうち，アメリカ合衆国で整備されたモノを　⑩　，EUで整備されたモノをガリレオという。

問2　次の文章のうち，適当でないものをすべて選びなさい。

1　デジタル地図は，表示位置や領域を自由に変更することができる。

2　国土地理院が発行している地形図は，1/10000，1/25000の2種類である。

3　1/25000の地形図において，主曲線は20m間隔で記されている

4　等高線の間隔がせまいと緩傾斜，広いと急傾斜を表現している。

5　地理院地図では，地形断面図を容易に作成することができる。

6　階級区分図は，人口分布，米の生産量，GDP（国内総生産）などの絶対値を表現するのに適している。

7　日本では，地理空間情報活用推進基本法によりGISなどの活用が推進されている。

8　GISソフトを用いると，さまざまな統計地図を作成することができる。

答え　問1　①一般図　　②主題図　　③等高線　　④水系　　⑤絶対分布図

　　　　　⑥相対分布図　　⑦流線図　　⑧カルトグラム　　⑨デジタル　　⑩GPS

　　　問2　2（1/50000を加えた3種類）　　　　　3（主曲線は10m間隔）

　　　　　　4（せまいと急傾斜，広いと緩傾斜）　　6（階級区分図は，相対値を表現するのに適している）

第 3 章

資料から読み取る現代世界

世界の国家群，貿易，情報通信，観光，人の移動など国内や国家間の結びつきの変容について学ぼう！　そして，地図や統計資料などを読み取る技能を身につけよう！

01 交通の発達

さまざまな交通手段の長所と短所を理解しよう！

1 時間距離の短縮

　交通機関の発達により，地球上の地点を結ぶ時間距離が著しく短縮してきました。かつては徒歩，馬車，帆船での移動しかできなかったのに，その後は動力船，鉄道，自動車，航空機の利用が大衆化し，**世界各地が短時間で結ばれるようになったこと**から，**人やモノの移動がグローバルな規模で拡大**しています。世界各地が距離的には遠いのに，時間的にはすご〜く近くなってしまったんですね。やった〜！！！

図1　縮小する世界

各時代の乗り物で一定距離を移動したときの所要時間に対応して，世界地図が縮小している

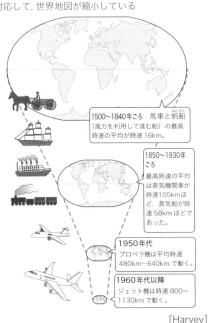

1500〜1840年ごろ　馬車と帆船（風力を利用して進む船）の最高時速の平均が時速16km。

1850〜1930年ごろ
最高時速の平均は蒸気機関車が時速105kmほど，蒸気船が時速58kmほどであった。

1950年代
プロペラ機は平均時速480km〜640kmで動く。

1960年代以降
ジェット機は時速800〜1130kmで動く。

[Harvey]

図2　東京から各地への時間距離 (2020年)

物理的距離ではなく，移動に要する時間によって示される距離

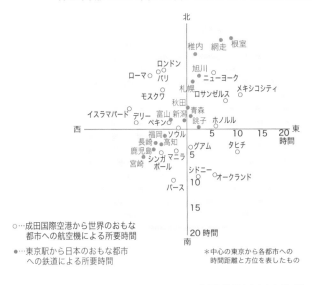

○…成田国際空港から世界のおもな都市への航空機による所要時間

●…東京駅から日本のおもな都市への鉄道による所要時間

＊中心の東京から各都市への時間距離と方位を表したもの

[JTB時刻表をもとに作成]

2 交通機関の発達と生活の変化

世界の諸地域が短時間で結ばれ，人やモノの移動が促進されています。

〔1〕**鉄道交通**　鉄道は，産業革命以降，**陸上交通の主役**として活躍してきました。高速道路など道路網が整備され，自動車が**大型化**，**高速化**したことから，**自動車に押され斜陽化**していきますが，それでも**定時性に優れ**，**環境負荷も小さい**ことから，先進国では**大都市間中長距離旅客輸送**，**大都市圏内部の通勤・通学輸送**では大健闘しています。また，先進国を中心に高速鉄道も旅客輸送では活躍していますね。

〔2〕**水上交通**　船舶による輸送は，他の交通機関に比べて，かなり**速度は遅い**ですが，抜群に**大量性は優れている**ため，現在でも**世界貿易の中心**です。しかも，単位重量当たりの**輸送費がめちゃめちゃ安い！！！**

　近年は，原油を運ぶオイルタンカー，液化天然ガスを運ぶLNG専用船，**コンテナ**＊だけ運ぶコンテナ船などの**専用船**が輸送の大部分を占めるようになりました。同じ種類のモノを運ぶと積み降ろしの作業（荷役作業）が楽になるし，効率的に運べるからですね。

＊コンテナ（container）：製品などを効率的かつ安全に保管・輸送するための鋼鉄（スティール）製ボックスで，用途により規格化されているため，コンテナに対応した船舶，鉄道，トラックなどの輸送手段間で積み替えを容易におこなうことができる。

図3　おもな国の国内輸送に占める交通機関の割合

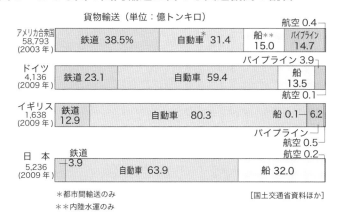

＊都市間輸送のみ
＊＊内陸水運のみ
［国土交通省資料ほか］

図4　日本の輸送機関別輸送量とエネルギー消費の割合（2017年度）

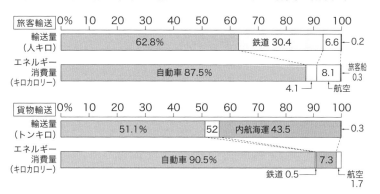

［『日本国勢図会 2020/21』］

〔3〕**道路交通** 19世紀末に内燃機関（ないねんきかん）を動力とするガソリン自動車が開発され，20世紀以降，**モータリゼーション***が進行しています。道路交通網の発達とともに，**陸上輸送の中心**に！ やっぱり，最終目的地まで輸送できる戸口（とぐち）輸送が最大の長所です。でも，**交通渋滞**，**大気汚染**，**二酸化炭素排出**などが地球環境に大きな負荷を与えてしまう点が深刻な問題になっています。

このため，EV（電気自動車）の開発・普及，パークアンドライド**やモーダルシフト***の推進が積極的に進められているのです。

*モータリゼーション：自動車の利用が社会に一般化した状態のこと。つまり，だれでもがさまざまな場面で自動車を利用し，生活必需品化することと考えよう。

**パークアンドライド（park and ride）：自宅から最寄りの駅や停留所，目的地の手前まで自動車を運転・駐車し，そこから鉄道やバスなどの公共交通機関を利用して，目的地に向かうシステム。

***モーダルシフト（modal shift）：トラックなどの自動車でおこなわれている貨物輸送を環境負荷の小さい鉄道や船舶の利用に転換すること。工場で出荷された製品を，トラックで納品先まで直接運ぶのではなく，できるだけ船舶や鉄道を利用し，末端輸送だけをトラックでおこなう。

〔4〕**航空交通** 1960年代に**ジェット旅客機**が本格的に導入され，**大型化・高速化**とともに運賃が低下しました。つまり，だれでもが航空機を利用できる時代に突入したのです。航空機は，**高速性に優れる**ため，**長距離旅客輸送**を中心に**軽量で高付加価値な工業製品や生鮮食料品**などの貨物をおもに輸送します。

他の輸送機関に比べると，やや運賃が高く，船舶ほどは大量に輸送できないことが弱点です。近年は，航空輸送の効率化を図るため，**ハブ空港***を核に路線を拡大しています（図5）。

*ハブ空港：国外，国内の航空ネットワークの中心として機能する拠点空港。

図5 アジアのハブ空港の乗降客数（2019年）とハブ空港のしくみ

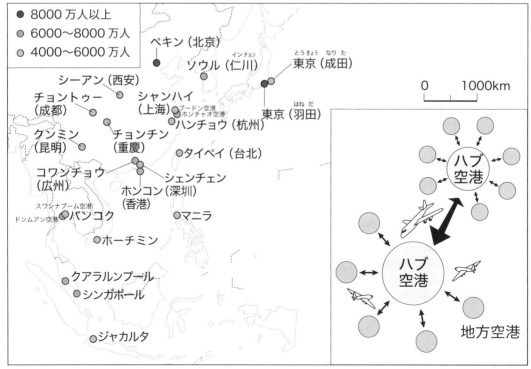

［航空統計要覧ほか］

02 情報通信の発達
情報通信の発達で便利になった生活！
でも問題も……

1 情報通信技術の発達

通信衛星と海底光ケーブル*の登場によって，より**広域**に，より**高速**に，より**大量**に情報を伝達できるようになりました。

*海底光ケーブル：光ファイバーを用いた海底通信ケーブルで，大容量の情報を高速で通信できる。

図1　世界のインターネット普及率（2017年）

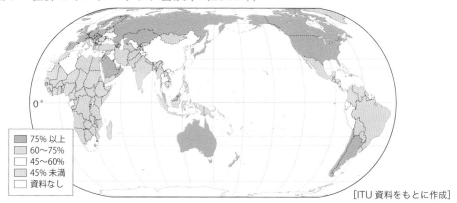

- 75% 以上
- 60〜75%
- 45〜60%
- 45% 未満
- 資料なし

[ITU 資料をもとに作成]

2 情報化による変化

インターネットは本当に便利です！　瀬川先生が学生のころは，「調べる＝本を借りるか買うか」しかなかったのに……。インターネット*の普及により，ものすごく**利便性が向上**しましたが，情報格差（デジタルデバイド）**による**経済格差の拡大**や**サイバー犯罪の増加**が深刻な問題になっています。多発しているネット詐欺_{さぎ}には，十分な注意を！

*インターネット：世界中のコンピュータなどの情報通信機器を接続するネットワークで，1990 年ごろから大衆化が進んだ。もともとはアメリカ合衆国における軍事・学術研究用のネットワークであったが，1990 年代に自由化が進み，日本では 1992 年に商用に開放された。

**デジタルデバイド：インターネットによる恩恵を受けるには，パソコンなどを操作できる能力とインターネットを使うことができる通信環境が必要になる。国・地域，経済格差，世代間格差などによって，情報を得ることができる人とできない人の格差が問題視されている。

図2　日本における移動通信システムの移り変わり

1G	アナログ回線	1979 年〜	通話のみ。
2G		1993 年〜	メールやインターネット接続が可能になった。
3G		2001 年〜	携帯端末でパソコンとほぼ同様に Web ページを閲覧できるようになった。
4G (LTE)	デジタル方式	2010 年〜	動画の閲覧，ライブ配信，音楽などが携帯端末で楽しめるようになった。
5G		2020 年代（予測）	人工知能（AI）の活用や IoT *の普及を支え，自動運転や遠隔医療を実用化するといわれている。

[総務省資料]

＊ IoT（アイオーティー）とは，Internet of Things の略で，従来インターネットに接続されていなかったモノ（建物，車，家電製品など）が，ネットワークを通じてサーバーなどに接続され，相互に情報交換をするしくみ。「モノのインターネット」という意味で使われる。

03 国境を越える人々の移動

近年，活発化している国境を越える人の移動。なぜ人々は外国へ移動するのだろう？

1 移民

　経済的，政治的，宗教的理由などで，**他国に移住する人**（移民*）がいます。時代をさかのぼれば，新大陸発見後の**ヨーロッパから南北アメリカ大陸やオセアニアへの移住，アフリカから新大陸への奴隷としての連行**など，大規模なものから，小規模なものまでさまざまでした。現在でも，**雇用機会や高所得**を求めて，アメリカ合衆国やヨーロッパ諸国などへ移住する人はたくさんいるのです。

　*移民：国際移住機関（IOM）によると，移動の理由，滞在期間にかかわらず，本来の居住地を離れて移動した人を指しているが，本書では旅行などの短期滞在を除く，国外への移住者を指す。

2 出稼ぎ労働者

　近年は，交通網や情報網が発達し，雇用機会や高所得を求めて，**発展途上国から先進国，新興国，アラブ産油国へ出稼ぎに行く外国人労働者**が増加しています。発展途上国にとっては本国への送金による**重要な外貨獲得源**，労働力不足に苦しむ先進国では**重要な経済の担い手**になっているのです。

　人の移動が拡大すると，さまざまな文化（宗教，慣習，価値観など）が，いろいろな場所や場面で出合うことになりますよね。自分とは異なる文化的背景をもつ人々を理解し協力し合えるような**多文化共生社会**の実現を求められることになります。

図1　日本における外国人労働者数の推移と出身地域・国の内訳

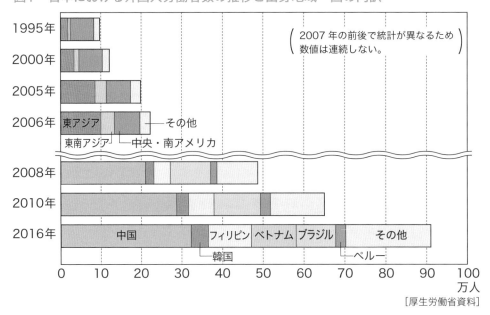

[厚生労働省資料]

3 難民

　自ら望んで国外に移動する人々だけでなく，**政情不安・内戦や環境破壊によって，自国を離れなければならなくなった難民**も増加しています。近年は，シリア，アフガニスタン，南スーダンなどから**周辺諸国へ多数の難民が流出**しているのです。

4 観光産業の発達と観光客の増加

　現代世界は**交通網の発達**によって，**観光産業が成長**しています。先進国でも発展途上国でも，観光産業の経済効果に注目！

5 日本人海外旅行者と訪日外国人旅行者

　読者のみなさんも，大学生や社会人になったら，きっと海外旅行を経験しますよね。1970年代までは，海外旅行は超特殊な余暇活動でした。では，いつごろからだれでもが海外旅行に行くようになったのでしょう？

　日本人海外旅行者は，1980年代半ばから，円高とバブル景気による所得の上昇を背景に急増しました（図2）。2000年代以降は景気の低迷もあって停滞……。

　訪日外国人旅行者はどうだったんでしょう？　日本人の海外旅行者が増加しても，訪日外国人旅行者はあんまり増えませんでした。そこで，2008年に観光庁が設置され，**インバウンド・ツーリズム***が推進されるようになったのです。その後，**日本の周辺諸国の経済発展，観光ビザの要件緩和，円安**などの影響を受け，2015年には日本人海外旅行者数を上回るようになりました。訪日外国人が増加すると，それだけ**観光収入**が**増加**するので，経済効果は大きいです。新型コロナウイルス感染拡大前に比べると，世界中の観光旅行は著しく縮小していますが……。

　＊インバウンド・ツーリズム：外国から観光客が訪れてくる旅行のこと。逆に海外を訪れる旅行はアウトバウンド・ツーリズム。

図2　日本人海外旅行者数と訪日外国人旅行者数の推移

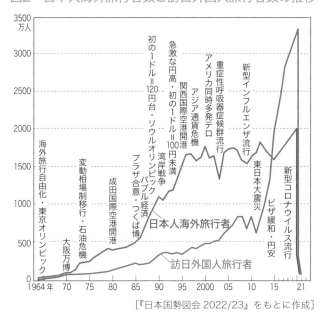

［『日本国勢図会 2022/23』をもとに作成］

図3　日本人の海外旅行者数　（千人）

訪問先	2016年	2017年
中　国	2,498	2,680
韓　国	1,838	2,311
（台　湾）	1,586	1,899
（ハワイ）	1,482	1,588
タ　イ	1,349	1,544
アメリカ＊	1,309	1,336
シンガポール	789	846
（香　港）	633	813
ベトナム	671	798
（グアム）	773	621
ドイツ	647	585
フィリピン	496	584
インドネシア	550	573
フランス	682	484
スペイン	607	442
オーストラリア	336	435

＊ハワイ、グアム、北マリアナ諸島を除く
［観光白書 令和元年版 資料編］

04 拡大する貿易

世界の貿易額は年々増加しているけど，貿易額の増加だけでなく，貿易も変化している！

1 国際分業と産業構造の変化

〔1〕貿 易

貿易とは，国際的なモノ（財）の取引です。得意なモノを輸出し，苦手なモノを輸入するという国際分業の１つなのです。統計データの輸出品目を見ると，その国が得意としているモノとか現在の産業構造とかを読み取ることができます（図１）。

① 水平貿易　**工業製品を相互に輸出入し合う貿易**です。かつてはおもに**先進国**によっておこなわれてきましたが，近年は**ASEAN，中国，インドなどの新興国**でも工業製品が主要な輸出品になっています。

② 垂直貿易　**先進国が工業製品を，発展途上国が一次産品を輸出し合う貿易**のことです。

〔2〕サービス貿易

サービス貿易とは，国際的なモノ以外の取引のことで，**運輸，通信，保険，金融，観光サービス，コンテンツ産業やICT産業における知的財産権の使用料**などが含まれます。みなさんが，外国の航空会社を利用したり，外国のアーティストのコンサートやライブに行くのもサービス貿易の１つです。取引額は，貿易額に及びませんが，**交通網の整備，情報通信産業の発達を基盤に年々拡大**しています。

図１　おもな国の輸出品目 (2020年)

＊　コートジボワールのみ2019年。
＊＊液化天然ガス（LNG）と液化石油ガス（LPG）を含む。

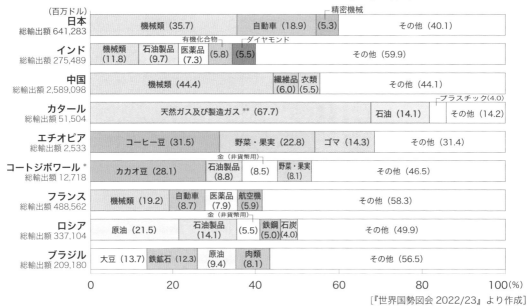

［『世界国勢図会 2022/23』より作成］

② 世界の貿易と地域経済圏

〔1〕貿易の拡大

かつては，世界貿易の大半を先進国が占めていましたが，近年は発展途上国の貿易額がどんどん増加して，現在では，**先進国と発展途上国の輸出額はほぼ同額**になっています（図2）。

〔2〕自由貿易の促進と地域経済圏

図2 世界の輸出額の推移

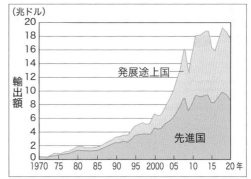

[国連資料をもとに作成]

第二次世界大戦前の保護貿易*的なブロック経済を反省し，戦後は自由貿易**の促進を進めています。自由貿易は，**お互いに得意なモノを輸出して，苦手なモノを輸入する**ため，相互の依存度が高くなって，世界経済をみんなで発展させていこうという姿勢になりやすいです。自由貿易の管理をおこなうため，WTO（世界貿易機関）が設立されるとともに，各地で域内における自由貿易の推進もおこなわれています。

*保護貿易：国内産業を保護するため，輸入を制限したり，輸入品に高率の関税などをかけること。

**自由貿易：関税や数量・品目制限など国家の介入や干渉を廃止して，自由に輸出入をおこなうこと。

① WTO（World Trade Organization：世界貿易機関）　**自由貿易**を推進するため設立された国際機関で，本部はジュネーヴ（スイス）。（物品の）貿易だけでなく**金融，情報通信，知的財産権などのサービス貿易**に関しても包括的な国際通商ルールを定める。164の加盟国・地域。

② EU（European Union：ヨーロッパ連合）　**27か国**からなる経済・政治連合。域内における**人，モノ，サービス，資本の移動自由化**を実現し，貿易，農業，水産業，地域開発などに関する共通政策を実施している。本部は**ブリュッセル**（ベルギー）。

③ USMCA（United States Mexico Canada Agreement：アメリカ・メキシコ・カナダ協定）　**アメリカ合衆国，メキシコ，カナダの自由貿易協定**。1994年に発効した**NAFTA（北米自由貿易協定）**をもとに，知的財産権の保護，環境及び労働に関する法制などを強化し，2020年に発効した。

④ ASEAN（Association of South East Asian Nations：東南アジア諸国連合）　**東南アジア10か国**からなる地域協力連合で，**経済，政治，安全保障，教育などの統合**を促進している。本部はジャカルタ（インドネシア）。

⑤ FTA（Free Trade Agreement：自由貿易協定）　複数の国や地域間における**自由貿易と投資の拡大**を目的として，**関税などの貿易障壁を撤廃**することを目指す協定。

⑥ EPA（Economic Partnership Agreement：経済連携協定）　FTA（自由貿易協定）に加えて，**経済取引の円滑化，投資，サービス，電子商取引などのさまざまな経済領域での連携を強化・協力**することを目指す協定。日本のFTAはすべてEPAの形態をとる。

第1編

地図や地理情報システムでとらえる現代世界

05 国家間の結びつき
国同士の結びつきが活発だけど，これからの世界はいったいどうなっていくんだろう？

1 世界の国家群

　世界には多くの国家群（国際組織）があります。国だって，人間といっしょで仲間がいて，お互いに協力してっていうのが必要になります。特に，**東西冷戦後**は，**世界の結びつきが緊密化，複雑化**しています。

〔1〕**国際連合**（UN：United Nations）　1945年に発足。**193か国**が加盟し，世界平和や地球的課題への取り組みなど国際的な協力を実現するために設立された国際組織。

図1　おもな国際組織と協定（2021年8月）

機関名（略称）	発足年	加盟国数	目的・活動など
国際連合（UN）	1945年	193か国	国際社会の平和と安全の維持などに取り組む
北大西洋条約機構（NATO）	1949年	31か国	東西冷戦時代に，旧ソビエト社会主義共和国連邦（旧ソ連）に対抗するための共同防衛組織として設立
石油輸出国機構（OPEC）	1960年	13か国	石油政策の調整や原油価格の安定化
経済協力開発機構（OECD）	1961年	38か国	発展途上国への経済援助などを通じて世界経済の発展に貢献
東南アジア諸国連合（ASEAN）	1967年	10か国	東南アジアの安全保障や，政治・経済での協力関係の強化
南アジア地域協力連合（SAARC）	1985年	8か国	南アジア諸国の経済，社会，文化を発展させること
アジア太平洋経済協力（APEC）	1989年	21か国・地域	環太平洋地域の政府間の経済協力を推進
独立国家共同体（CIS）	1991年	9か国	旧ソ連に属していた国々が集まって構成
ヨーロッパ連合（EU）	1993年	27か国	通貨統合や共通の安全保障政策を通した政治的・経済的な統合
南米南部共同市場（MERCOSUR）	1995年	6か国	域内の貿易の自由化，関税同盟の設定，政治統合など
アフリカ連合（AU）	2002年	55か国＊・地域	アフリカ諸国の政治的・経済的統合の実現と，内戦や紛争の予防・解決
米国・メキシコ・カナダ協定（USMCA）	2020年	3か国	1994年に発効したNAFTAに代わる新しい貿易協定

＊西サハラを含む。

［外務省資料をもとに作成］

〔2〕OECD（Organization for Economic Cooperation and Development：経済協力開発機構）

　　おもに**先進国**からなる国際組織で，世界経済を牽引(けんいん)し，ODA（政府開発援助）を通じて，発展途上国の経済発展にも寄与。

〔3〕BRICS（Brazil,Russia,India,China,South Africa）　2000年代以降，著しい経済発展を遂げた新興国(しんこうこく)であるブラジル，ロシア，インド，中国，南アフリカ共和国の総称。BRICS首脳会議を開催。

〔4〕南北問題と南南問題

　　問題解決に向かって，すべての国が努力しなくては……。

① 南北問題(なんぼくもんだい)　経済発展を遂げた**先進国と発展途上国の経済格差問題**です。
② 南南問題(なんなんもんだい)　発展途上国のうち，**著しい経済成長を遂げる新興国やアラブ産油国と依然として貧困に苦しむ国との経済格差問題**です。

2 多極化する世界

　世界を**資本主義と社会主義に二分した東西冷戦時**は，超大国のアメリカ合衆国とソ連(ソヴィエト社会主義共和国連邦)が君臨(くんりん)していました。そして，世界中の国が「おまえは，いったいどっちの味方なんだ？」と双方から詰め寄られていたのです。

　冷戦終結後は，圧倒的な力を誇ったアメリカ合衆国の影響力が徐々に低下し，かわってEU，USMCA など地域経済圏が影響を強めるとともに，中国が**一帯一路構想**(いったいいちろこうそう)*を掲げ，南・中央アジアやアフリカへの影響力を強めています。日本は，これからいったいどこに向かって歩めばいいのでしょう？　みんなで真剣に考えなくては……。

　*一帯一路構想：中国と世界を結びつける巨大な経済圏構想で，中国を起点として広くユーラシア大陸や南太平洋地域を含む広域経済圏を形成しようとする政策。「一帯」は，中国，中央アジア，ヨーロッパを結ぶ陸上ルート，「一路」は中国，東南アジア，南アジア，アフリカ東海岸を結ぶ海上ルート。

図2　経済的な結びつきを中心とする国家群（2020年）

APEC 参加国・地域
日本・韓国・中国・
(ホンコン)・(台湾)・
タイ・マレーシア・
シンガポール・
フィリピン・
インドネシア・ブルネイ・
アメリカ・カナダ・
メキシコ・チリ・
パプアニューギニア・
ロシア・ベトナム・ペルー

東南アジア諸国連合（ASEAN）
南アジア地域協力連合（SAARC）
湾岸協力会議（GCC）
西アフリカ諸国経済共同体（ECOWAS）
南部アフリカ開発共同体（SADC）
ヨーロッパ連合（EU）
ヨーロッパ自由貿易連合（EFTA）
ユーラシア経済連合（EEU）
北アメリカ自由貿易協定（NAFTA）※2020年からは USMCA
南米南部共同市場（MERCOSUR）
アジア太平洋経済協力会議（APEC）

［外務省資料をもとに作成］

問1　次の文章中の空欄に適当な語句を入れなさい。

1　鉄道，自動車，航空機などの交通機関が発達し，世界各地が短時間で結ばれるようになり
　　　①　　が著しく短縮した。

2　自動車（道路交通）は，最終目的地まで輸送できる　　②　　が最大の利点で，20世紀以降陸
　上交通の主役になった。

3　航空交通では，航空輸送の効率化を図るため，　　③　　を核に路線拡大を進めている。

4　インターネットの普及により，情報を得ることができる人とできない人の格差である　　④
　が深刻な問題となっている。

5　発展途上国から先進国に，　　⑤　　や高所得を求めて移住する人が多い。

6　政情不安・内戦や環境破壊などによって，自国を離れなければならなくなった人々を　　⑥
　とよび，近年は　　⑦　　，アフガニスタン，南スーダンなどから多数流出している。

7　日本人の海外旅行者は，1980年代半ばから，円高と　　⑧　　による所得上昇を背景に増加した。

8　外国から観光客が訪れてくる旅行のことを　　⑨　　，海外を訪れる旅行のことを　　⑩
　という。

9　工業製品を相互に輸出入し合う貿易のことを　　⑪　　，おもに先進国が工業製品を，発展途
　上国が一次産品を輸出し合う貿易のことを　　⑫　　という。

10　第二次世界大戦前は，国家が輸入を制限する　　⑬　　がおこなわれてきたが，戦後は国家の
　介入や干渉を廃止する　　⑭　　が進められた。

11　EU（ヨーロッパ連合）では，域内における人，モノ，サービス，　　⑮　　の移動が自由化さ
　れている。

12　複数の国や地域における自由貿易の拡大を目指す協定を　　⑯　　，これに加えてさまざまな
　経済領域の連携を強化することを目指す協定を　　⑰　　という。

13　OECD（経済協力開発機構）は，発展途上国への援助である　　⑱　　を通じて，世界経済の
　発展を目指す国際組織である。

14　中国を起点として広くユーラシア大陸，アフリカ大陸，オセアニアを含む広域経済圏を形成し
　ようとする，中国の経済圏構想は　　⑲　　とよばれる。

問2 次の文章のうち，適当でないものをすべて選びなさい。

1 鉄道交通は，定時性に優れ，環境負荷も小さいことから，先進国では大都市間中長距離輸送や大都市圏内の通勤輸送で健闘している。

2 船舶による水上交通は，大量性に優れ，運賃も安いことから，世界貿易の中心になっている。

3 モーダルシフトは，自宅から最寄り駅や目的地の手前まで自動車を運転し，駐車した後に公共交通機関を利用して目的地に向かうシステムである。

4 通信衛星の発達により，光ファイバーケーブルを使用する海底通信ケーブルは衰退した。

5 1980年代後半以降，訪日外国人数が日本人海外旅行者数を上回っていたが，2015年には日本人海外旅行者数が訪日外国人数を上回るようになった。

6 サービス貿易は，交通網の整備，ICT産業の発達などにより，年々拡大しているが，取引額では貿易額を下回っている。

7 WTO（世界貿易機関）は，加盟国の国内産業を保護するため，貿易への規制強化を進めるための国際組織である。

8 BRICSは，2000年代以降著しい経済発展を遂げたため，OECDに加盟し，先進国の仲間入りを果たした。

9 先進国と発展途上国の経済格差問題を南北問題，新興国やアラブ産油国と後発発展途上国の経済格差問題を南南問題という。

答え 問1 ① 時間距離　　　　② 戸口輸送　　　　③ ハブ空港　　　　④ デジタルデバイド（情報格差）

　　　　⑤ 雇用機会（就業機会）　　　⑥ 難民　　　　⑦ シリア　　　　⑧ バブル景気

　　　　⑨ インバウンド（ツーリズム）　　　　⑩ アウトバウンド（ツーリズム）

　　　　⑪ 水平貿易　　　　⑫ 垂直（南北）貿易　⑬ 保護貿易　　　⑭ 自由貿易

　　　　⑮ 資本　　　　⑯ FTA（自由貿易協定）　　　　⑰ EPA（経済連携協定）

　　　　⑱ ODA（政府開発援助）⑲ 一帯一路

　　問2 3（モーダルシフトではなく，パークアンドライドの説明）

　　　　4（光ファイバーケーブルの導入により，大容量・高速通信が可能になったため，利用は拡大）

　　　　5（訪日外国人数と日本人海外旅行者数がすべて逆）

　　　　7（WTOは，自由貿易を促進するための国際組織）

　　　　8（BRICSは，2000年代以降急成長を遂げているが，先進国のレベルまでは到達せず，OECDにも加盟していない）

瀬川先生からひと言

「地図と地理情報システム」はどうでしたか？　あんまりかたくるしく考えないで、地図ってすごく便利で、位置関係を把握したり、いろいろな情報を視覚的に認識したり、相手に伝えるのにとっても効果的なツールなんだということがわかってもらえたらうれしいです。できるだけスマホやタブレットなどを使って、地理院地図、公的機関の Web サイト、Google Earth などをのぞいてみましょう！

　次の第 2 編では、よりわれわれの生活に密着している「人々の生活と地理的環境」、「さまざまな地球的課題」について学びます。

　きっとみなさんの知的好奇心を刺激しますよ！　地理がどんどん面白くなるはず！がんばってね～！！

第 **2** 編

国際理解と国際協力

第1章 さまざまな地理的環境と生活文化

世界にはさまざまな地形，気候などの自然環境，宗教，言語などの文化的環境が存在し，人々の生活に大きな影響を与えています。地理的環境と人々の生活との関係性について考えてみましょう！

第1節 地形環境と生活文化

01 山地と人々の生活
山地ではいったいどんな生活が営まれているのだろう？

1 山地の暮らし

　山地の面積って，陸地面積のどれくらいの割合だと思いますか？　ちょっとイメージしにくいかもしれませんが，**山地は陸地の約24%を占めていて，そこに世界人口の約12%が居住**しているのです。山地は平坦地に乏しく，気温が低下するなど自然条件の制約が多いので，人々は棚田*や移牧**などさまざまな工夫をおこないながら生活を営んでいます。

　*棚田：急傾斜地につくられた階段状の水田。それぞれの水田は水平に保たれている。

　**移牧：家畜を季節によって，垂直的に移動させて飼育する牧畜形式。アルプス山脈，ピレネー山脈などでおこなわれている。

2 山地の恵み

　どうして山地に居住する人がいるのでしょう？　不便なことがいっぱいあるのに……。もちろん，平野に恵まれない国など，山地で生活せざるを得なかった人もいると思いますが，山地にはすごくたくさんの恵みがあるのです。

　たとえば，**豊富な森林資源，石炭や銅鉱などの鉱産資源**の存在だけでなく，**多様な栽培植物の起源となる野生種などの生物資源**だってたくさんあるし，景観に恵まれた山地は**重要な観光資源**にもなります。

02 平野と人々の生活
平野にはどんな特徴があり，そこでは人々がどんな暮らしをしているのだろう？

1 平野の暮らし

　山地にも多くの恵みがありますが，やっぱり**平坦で水が得やすい平野**は，**経済活動の中心**です。広い平野では，**農業，工業，商業などさまざまな産業が発達**し，**都市を形成**するようになります。都市へ人が集まり，交通網が発達すると，ますます都市への人口集中が進み，都市も拡大していったのです。メガシティ*とよばれる巨大都市も，そのほとんどが平野に立地しています。

*メガシティ：都市圏の人口が1,000万人以上の巨大な都市。国連統計局の定義によると，都市的集積地域としての実質的な都市部の人口が1,000万人を超える都市化地域。世界最大のメガシティは東京で，ジャカルタ（インドネシア），デリー（インド），ソウル（韓国），ムンバイ（インド），マニラ（フィリピン），シャンハイ（中国），ニューヨーク（アメリカ合衆国），サンパウロ（ブラジル），メキシコシティ（メキシコ）などが代表的なメガシティ。

2 河川がつくる平野の地形と暮らし

[1] 扇状地　**河川が山地から平野に出るところ**では，流速が急に衰え，粗い土砂が堆積することによって，扇状地を形成することがあります（図1）。

　扇状地は，一般にあまり水に恵まれず，特に扇央（扇状地の中央部）では，河川が**伏流***し，**水無川****となるため，水が得にくいことから，古くは桑畑，現在は畑，果樹園として利用されてきました。

　いっぽう，扇端（扇状地の末端）では，浸透した地下水が湧水するため，古くからの**農家**が立地したり，早くから水田としての利用が進んだのです。

*伏流：河川が地下に浸透し，地下を流れること。

**水無川：雨天時などの増水時を除いては，伏流水となり地表を流れない河川のこと。

図1　扇状地

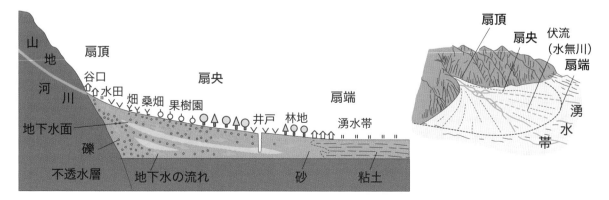

〔2〕氾濫原　河川の中下流域では，河川勾配*が小さいため河川の流速が衰え，蛇行することから，洪水が起きやすいです。河川の両岸には，周囲よりわずかに高い自然堤防**が発達し，洪水を避けるために集落が立地したり，畑，果樹園などに利用されてきました。いっぽう，居住に適さない低湿な後背湿地は，水田に利用されてきましたが，堤防の建設や排水路の設置などの洪水対策も進められ，現在では宅地化も進んでいます（図2）。

*河川勾配：河川の河床の傾きのことで，一般に上流ほど傾きは大きく，下流ほど傾きは小さくなる。河川勾配が大きいと，流速は速くなり，侵食量や土砂の運搬量は多くなる。

**自然堤防：洪水によって河道から運搬された砂礫などが，河川の両岸に堆積してできた微高地。一般に後背湿地との標高差は1-2m程度。地形図で自然堤防を読み取る際は，等高線ではなく，集落，畑，果樹園などの土地利用から判断する。

図2　河川がつくる地形の模式図

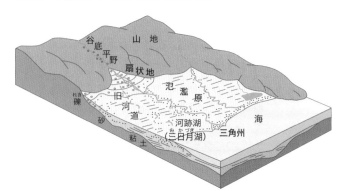

〔3〕三角州　三角州は，河口付近に細かい土砂が堆積して形成された低湿地のことです（図2）。日本や東南アジアなどのモンスーンアジア*では古くから水田に利用されてきました。現在は，排水することによって市街地や工業用地としても発展しているところがたくさんあります。取水が容易で，肥沃な沖積土に恵まれるので，農地としては優れていますが，洪水，高潮，液状化などの自然災害に遭いやすいので，十分な防災対策が必要です。

*モンスーンアジア：モンスーン（季節風）の影響を強く受ける東アジア，東南アジア，南アジアのこと。特に夏季のモンスーンは多量の降水をもたらし，豊富な水資源の源となる。

〔4〕台地　周囲を崖に囲まれた台地状の平野です。日本の地形で，「台地」といわれたら平野の一部と考えましょう！　河川沿いに形成される階段状の地形は，河岸段丘とよばれ，これも台地の一種です。

河川が流れる低地に比べて標高が高いため，水害には遭いにくいですが，水が得にくいので開発が遅れたところが多いようです。近年は宅地化が進行していて，新しい住宅地が建設されているところもあります。

図3　台地の模式図

［著者原図］

03 海岸と人々の生活
さまざまな海岸地形を，人々はどのように利用してきたのだろう？

1 離水海岸と沈水海岸

海面の相対的低下，または**陸地の隆起**によって形成されたのが**離水海岸**（陸地が水から離れた海岸）です。いっぽう，**海面の相対的上昇**，または**陸地の沈降**によって形成されたのが**沈水海岸**（陸地が水に沈んだ海岸）です。用語の意味を取り違えないように！

2 離水海岸　水深が浅く，海岸線が単調！

〔1〕**海岸段丘**　平坦な**段丘面**と，かつての海食崖である**段丘崖**からなる**階段状の海岸地形**です（図3→p50）。海食崖とは，激しい波の侵食作用によって形成された急崖のことです。

〔2〕**海岸平野**　**浅い海底が離水して形成された砂浜海岸**で，ほとんど**海面と同じ高さ**です。地形図で出題されると，ほとんど等高線が入っていないので注意しましょう！日本の**九十九里平野**とアメリカ合衆国の**大西洋岸平野**がとっても有名です。

3 沈水海岸

水深が深く，海岸線が複雑！天然の良港がみられます。

〔1〕**リアス海岸**　河川の侵食による**V字谷***が沈水してできた，のこぎりの歯状の海岸です。スペイン北西岸や三陸海岸でみられます。入り江（ria）の内側は，海面が穏やかなため，**養殖業**が盛んにおこなわれています。

*V字谷：河川の侵食作用によって形成された谷。下方に向かっての侵食が強く働くため，横断面がV字状の谷になる。

〔2〕**フィヨルド**　氷河の侵食による**U字谷***に**海水が浸入**した細長い湾のことです。V字谷ではなく，U字谷に海水が浸入してできたということに注意しましょう！高緯度の大陸西岸に発達していて，ノルウェーやチリでは，**湾内でサーモンの養殖業も発達**しています。また，フィヨルドの景観は，重要な**観光資源**で，世界中の観光客を魅了します。

*U字谷：氷河の侵食によって形成された谷で，下方侵食とともに側方侵食が働くため，谷底が丸く，谷壁が急崖になり，横断面がU字状の谷になる。

図1　リアス海岸

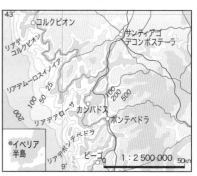

図2　フィヨルド

4 砂浜海岸

　沿岸流によって，海岸や海底が侵食されると，その土砂が運搬・堆積され砂嘴，砂州，陸繋砂州（トンボロ），陸繋島などのさまざまな地形が発達することがあります。砂州の内側にはラグーン（潟湖）が形成され，波が穏やかなため，養殖業などにも利用されています。

　〔1〕砂嘴　海に向かって細長く突き出した砂礫の堆積地形で，内湾側に湾曲。

　〔2〕砂州　砂嘴が発達し，対岸または対岸付近まで成長した砂礫の堆積地形。

　〔3〕陸繋砂州（トンボロ）　沖合の島と繋がった砂州。

　〔4〕陸繋島　陸繋砂州の形成によって陸続きとなったかつての島。

図3　海岸地形の模式図

写真1　砂州（天橋立・京都）

写真2　砂嘴（野付半島・北海道）

写真3　陸繋砂州＊（函館・北海道）
　　　＊函館山は陸繋島，函館市街
　　　　は陸繋砂州

5 サンゴ礁海岸 　サンゴ礁海岸は，とっても美しい！

　サンゴ礁とは，温暖で浅い海底にすむ生物（サンゴ）がつくる石灰質の海岸地形です。海水温が18℃以上の**熱帯から亜熱帯の海域**で形成されます。**日本はサンゴ礁の北限**といわれ，南西諸島や小笠原諸島ではサンゴ礁が発達しています。

〔1〕裾礁　陸地（島）に接して発達したサンゴ礁で，**サンゴ礁の基本形。日本のサンゴ礁の大部分は裾礁。**

〔2〕堡礁　陸地（島）とサンゴ礁の間にラグーン（礁湖）があるサンゴ礁。オーストラリア北東岸のグレートバリアリーフ（**大堡礁**）。

〔3〕環礁　陸地（島）が水没し，環状になったサンゴ礁。**赤道付近に多く分布。**

図4　サンゴ礁の発達の模式図

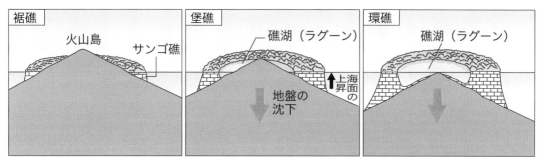

サンゴ礁の発達は，まず島をふちどる裾礁から始まる。海面上昇または地盤沈下によって島が沈降すると，裾礁は上方へと発達し，堡礁（バリアリーフ）となる。さらに沈降して島が水没すると環礁（アトール）となる。

6 変化する海岸 　人は開発や防災などのために，地形を改変することがあります。

〔1〕掘り込み式港湾の建設　遠浅の砂浜海岸などに，**大型船舶を接岸**できるようにするため，海岸や海底を掘り込んだ**人工港**を建設。

〔2〕防波堤の建設　外海からの波を防ぐため，海中に構造物を建設。**港湾内を静穏に保つだけでなく，津波や高潮の被害，海岸侵食を防ぐ**役割も担う。

〔3〕干潟*の埋め立て　**工業用地や宅地を造成**するため，浅い干潟を土砂などで埋め立てる。日本の干潟の大部分は，高度経済成長期に埋め立てられた。

＊干潟：砂や泥により形成された低湿地で，満潮時は海面下，干潮時は陸地となる。

〔4〕防潮堤の建設　**台風による高潮，大波や津波の侵入を防ぐ**ために，陸上に堤防を建設。

〔5〕護岸工事　貯水ダムや砂防ダムの建設によって，河川を通じた海岸への土砂供給量が減少し，**海岸侵食が進行するのを防ぐ**ため，護岸**工事を施す。

＊＊護岸：河川水や波浪などのエネルギーを吸収・分散させ，河岸や海の侵食を防ぐため，堤防，土手，崖などを補強すること。

発展学習①～地理の学びを深める～

世界の大地形

1 プレートテクトニクス

　大陸と海洋の配置を**プレート***の運動によって説明する理論。地球の表層は，厚くて**軽い大陸プレート**と，薄くて**重い海洋プレート**に覆われていて，プレートの下の流動性のある**マントル****に浮いている。マントルの動きによって，プレートもそれぞれ移動する。

*プレート：地球表層を覆っている岩盤で，海洋プレートは約7km，大陸プレートは約20～70kmの厚さ。

**マントル：プレートの下にあるかんらん岩からなる部分。固体のマントルが溶けて上昇するのがマグマ。

図1　世界のおもなプレートの分布

2 安定地域と変動帯

　プレート中央部に安定地域（安定陸塊），プレート境界には地球表面の起伏が変動している変動帯が分布。

〔1〕**せばまる境界（収束境界）**　**プレートの衝突**によってヒマラヤ山脈などの大山脈が，**プレートの沈み込み**によって海溝*や島弧**が形成。

*海溝：海洋プレートの沈み込みによって形成された溝状の海底で，水深が6,000m以上のものをいう。海溝付近では，海溝型地震の多発地帯となり，2011年の東北地方太平洋沖地震もこれに当たる。

**島弧：おもにプレートの沈み込みによって形成された弧状の列島で，日本列島のように海溝と並行して火山が連なっていることが多い。

〔2〕**広がる境界（発散境界）**　**プレートが互いに離れる**ことによって，地球表面にマグマが上昇し，海底には海底山脈の海嶺を形成。

〔3〕**ずれる境界**　**プレートが互いに異なる水平方向に移動**することによって，横ずれ断層が形成。

〔4〕**火山と地震**　ともに変動帯で多くみられる。

　① **火山**　プレートの**せばまる**境界の**沈み込み帯**と**広がる境界**に分布。プレート中央部でマグマが上昇する**ホットスポット**＊にも火山が分布。

　＊ホットスポット：ほぼ不動点で，太平洋のハワイ島が代表的。

　② **地震**　プレートの沈み込み帯では**海溝型地震**，プレート内部の活断層の動きでは**内陸直下型地震**が発生。

③ 安定地域（安定陸塊）にみられる地形

　世界の陸地と大洋底の大部分は安定地域（安定陸塊）。長期間の侵食により**平坦化**し，高度を減じているところが多く，大規模な**平原**や**高原**などを形成。

〔1〕**楯状地**　**古い時代の岩石が広範囲に露出**している安定陸塊。鉄鉱石の鉱床が広く分布。

〔2〕**卓状地**　楯状地の上を，**より新しい時代の岩石が覆っている**安定陸塊。

〔3〕**侵食平野**　長期間にわたって，河川などの**侵食で形成された大規模な平野**。安定陸塊に多く分布。

④ 変動帯にみられる地形

　プレート境界は地震，火山活動が活発な変動帯。プレートのせばまる境界は，**新期造山帯**＊に対応。海底では海溝と海嶺が変動帯に当たる。

〔1〕**高く険しい山地**　**起伏に富む山脈や火山**。河川や氷河が山地を侵食し，運搬された土砂は堆積平野を形成。

〔2〕**有用な金属鉱床**　マグマの作用によって，銅，銀，すず，亜鉛などの金属鉱床が形成。

＊新期造山帯：大地形を，造山運動の時期によって，安定陸塊，古期造山帯，新期造山帯に分類することがある。新期造山帯は，中生代後半から新生代にかけての造山運動で形成された山地で，高く険しい山地が多く，ユーラシア大陸の南縁を東西に走るアルプス・ヒマラヤ造山帯と太平洋を取り囲む環太平洋造山帯からなり，日本は環太平洋造山帯に位置する。

図2　安定地域（安定陸塊）と変動帯の地形区分

　＊平野には，台地・丘陵・高原も含めている。

発展学習②〜地理の学びを深める〜

地形をつくる力とさまざまな地形

1 内的営力と外的営力

地表面の起伏などさまざまな**地形をつくる力**が営力。

(1) 内的営力（ないてきえいりょく）　**地球内部から働く力**で，プレートの運動によって多様な地形を形成。地形の起伏（きふく）を大きくする。

(2) 外的営力（がいてきえいりょく）　重力や太陽エネルギーなど**地球外部から働く力**で，風化（ふうか），侵食（しんしょく），運搬，堆積（たいせき）などの作用が代表的。最終的に地形を平坦化する。

① 風化　**温度変化**などによって**岩石が分解される**こと。気温の変化が大きい乾燥地域では，岩石の風化が進む。

② 侵食　**河川や氷河（ひょうが）**などによって**岩石が削り取られる**こと。短期間にまとまった降水がみられると，岩石の侵食が進む。

③ 運搬　**河川などによって土砂（どしゃ）などが運ばれる**こと。河川の流速が速かったり，流量が多いと土砂の運搬量は多くなる。

④ 堆積　**河川などによって土砂などが堆積する**こと。河川の流速が遅かったり，流量が少ないと土砂の堆積量は多くなる。

2 氷河地形

氷河*の**侵食，運搬，堆積**によって形成された特異な地形（図1）。

〔1〕カール（圏谷（けんこく））　氷河が**山頂付近を侵食してできたくぼ地（凹地）**。**アルプス山脈**などのような高峰にみられる。

〔2〕ホルン　**山頂付近にカールが複数形成され，山頂が尖った峰になった地形。**

〔3〕モレーン　**氷河の侵食による土砂**が，**氷河によって運搬され堆積した堤防（ていぼう）状の丘。**

〔4〕氷河湖　**氷河の侵食による凹地に水がたまったり，河川などが氷河堆積物によってせき止められてできた湖**。北アメリカの**五大湖**など。

*氷河：積雪が圧縮されて形成された氷。降雪量が融雪量を上回るような極地や高山で発達する。大陸規模の氷河である氷床（大陸氷河）と山地で発達する山岳氷河がみられる。氷床は，南極大陸とグリーンランド内陸部で発達するが，更新世（こうしんせい）の氷期には，ヨーロッパ北部，北アメリカ北部にまで，氷床が拡大していた。

 写真1　山岳氷河（ペリトモレノ氷河・アルゼンチン）

図1　山岳氷河と大陸氷河の模式図

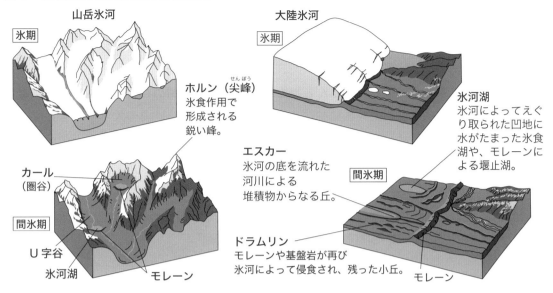

③ カルスト地形

　石灰岩が，**雨水や地下水に含まれた二酸化炭素によって溶かされた特異な溶食地形**。石灰岩に含まれた炭酸カルシウムは，水と二酸化炭素に反応して溶ける。石灰岩台地上には，ドリーネなどの**カルスト凹地**，地下には鍾乳洞などを形成する（図2）。カルストの語源は，スロベニアのカルスト（クラス）地方で，広範囲にカルスト地形が分布しており，日本では，秋吉台（山口県）が景勝地として知られる。

〔1〕**ドリーネ**　雨水に溶かされた石灰岩台地上の凹地。

〔2〕**ウバーレ**　ドリーネが連結して大きくなった凹地。

〔3〕**ポリエ**　ドリーネ，ウバーレよりはるかに大規模な凹地。

〔4〕**鍾乳洞**　雨水が地下に流入し，地下水となり石灰岩を溶かした洞穴。

〔5〕**タワーカルスト**　**高温多雨の気候下**にみられる塔状の地形で，中国・華南のコイリン（桂林）や東南アジアに分布（写真2）。

図2　カルスト地形の模式図

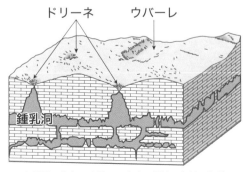

石灰岩地域の地表にはドリーネや，ドリーネがつながったウバーレという凹地が，地下には鍾乳洞が発達する。ウバーレがさらに大きくなってできる盆地はポリエとよばれる。

写真2　タワーカルスト（桂林・中国）

3 乾燥地形

砂漠気候下にみられる特異な地形。降水量が少なく，植生がほとんどないため，風による<ruby>侵食<rt>しんしょく</rt></ruby>も活発。**昼夜間の気温差が大きく，岩石の<ruby>風化<rt>ふうか</rt></ruby>も進む**。たまに降るまとまった雨は，地表を侵食し**平坦化**する。

[1] 砂漠　降水量が少なく，ほとんど**植生がみられない地域**のこと。ある程度の降水がみられても，気温が高く蒸発量が多ければ砂漠になる。砂漠の大半は，岩石に覆われた<ruby>岩石砂漠<rt>がんせきさばく</rt></ruby>と岩くずに覆われた<ruby>礫砂漠<rt>れきさばく</rt></ruby>だが，岩くずが風化し細かい砂が<ruby>堆積<rt>たいせき</rt></ruby>した<ruby>砂砂漠<rt>すなさばく</rt></ruby>もみられ，<ruby>砂丘<rt>さきゅう</rt></ruby>が発達している。

[2] ワジ　**降雨時**だけ，**流水がみられる**<ruby>河川<rt>かせん</rt></ruby>。

[3] <ruby>外来河川<rt>がいらいかせん</rt></ruby>　**<ruby>湿潤地域<rt>しつじゅん</rt></ruby>から流出**し，砂漠を貫流する河川。ナイル川，インダス川などの**外来河川**は，乾燥地域での貴重な水資源となる。

図3　乾燥地形の模式図

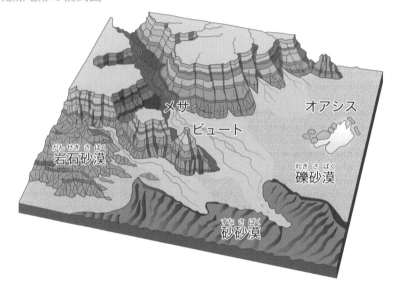

写真3　乾燥地形 (アリゾナ州・アメリカ合衆国)

第1章　さまざまな地理的環境と生活文化　チェックテスト

[第1節]　**地形環境と生活文化**

問1　次の文章中の空欄に適当な語句を入れなさい。

1　山地は，平坦地に乏しく自然の制約が大きいが，階段状の水田である ① や段々畑など
の工夫がおこなわれている。

2　扇状地の ② では，河川が伏流し ③ になるため，水が得にくいことから，畑や
果樹園などに利用されている。

3　河川の中下流域は，河川勾配が小さく， ④ することから洪水が起きやすく ⑤
とよばれる沖積平野が形成される。

4　河川の中下流域では，河川の両岸に周囲よりわずかに高い ⑥ が発達し，その上には
⑦ が立地したり，畑や果樹園に利用されてきた。

5　三角州は， ⑧ 付近に細かい土砂が堆積して形成された ⑨ である。

6　台地は，周囲を ⑩ に囲まれた台地状の平野で， ⑪ には遭いにくいが，水が得
にくいため開発は遅れたところが多い。

7　離水海岸は，海面の相対的 ⑫ ，または陸地の ⑬ によって形成された海岸，沈水
海岸は，海面の相対的 ⑭ ，または陸地の ⑮ によって形成された海岸である。

8　海岸平野は，浅い海底が離水して形成された ⑯ 海岸で，日本の ⑰ 平野，アメ
リカ合衆国の ⑱ 平野が代表的である。

9　リアス海岸は， ⑲ をもつ険しい山地が沈水して形成された海岸で，入り江（湾）は波
が穏やかなため， ⑳ が盛んなところもある。

10　フィヨルドは， ㉑ の侵食による ㉒ に海水が浸入して形成された狭長な湾で，
高緯度の大陸 ㉓ 岸で発達している。

11　サンゴ礁は， ㉔ で浅い海底にすむサンゴがつくる ㉕ 質の海岸で，日本のサン
ゴ礁の大部分が ㉖ だが，赤道付近には ㉗ が発達している。

問2　次の文章のうち，適当でないものをすべて選びなさい。

1　扇状地の扇端では，地下水が湧水するため，古くからの農家が立地したり，早くから水田が拓けてきた。

2　氾濫原の後背湿地は，低湿で居住に適さないため，水田や放牧地にしか利用されていない。

3　モンスーンアジアの三角州は，水資源に恵まれ，土壌も肥沃なため，水田に利用されてきた。

4　沈水海岸は，一般に遠浅で，比較的大きな船舶は接岸できないため，港湾は発達しにくい。

5　ノルウェーやチリのフィヨルドの湾内では，波が穏やかなため，サーモンの養殖業が発達している。

6　砂嘴や砂州の先端から基部にかけて，沿岸流が流れている。

7　陸地（大陸，島）とサンゴ礁の間にラグーン（潟湖）があるサンゴ礁は堡礁とよばれ，オーストラリア北東岸の大堡礁（グレートバリアリーフ）は世界遺産に登録されている。

8　砂や泥で形成された干潟は，干拓されて工業用地や住宅地に利用されることが多い。

9　日本では，台風による津波，地震による高潮の浸入を防ぐため，防潮堤の建設が進められている。

答え　問1　① 棚田　　　② 扇央　　　③ 水無川　　　④ 蛇行　　　⑤ 氾濫原

　　　　　⑥ 自然堤防　⑦ 集落　　　⑧ 河口　　　　⑨ 低湿地　　⑩ 崖

　　　　　⑪ 水害　　　⑫ 低下　　　⑬ 隆起　　　　⑭ 上昇　　　⑮ 沈降

　　　　　⑯ 砂浜　　　⑰ 九十九里　⑱ 大西洋岸　　⑲ V字谷　　⑳ 養殖業

　　　　　㉑ 氷河　　　㉒ U字谷　　㉓ 西　　　　　㉔ 温暖　　　㉕ 石灰

　　　　　㉖ 裾礁　　　㉗ 環礁

　　　問2　2（近年は，堤防や排水路の建設により，宅地化も進展）

　　　　　4（沈水海岸は，水深が深いため，良港が立地しやすい）

　　　　　6（沿岸流は，砂の堆積地形の基部から先端にかけて流れる）

　　　　　8（干拓ではなく，埋め立て）

　　　　　9（台風は高潮，地震は津波）

01 多様な気候と気候分布

世界にはとんでもなく暑い地域もあるし，寒い地域もある。どうしてこんなに大きな地域差が生まれるのだろう？

1 気候

気候*とは，**ある地域における天気・天候などの大気の平均状態**のことです。気候区分などをおこなうときには，一般に 30 年という長い期間の数値を用います。今年がたまたま，すご〜く暑くても，「日本は熱帯だ！」とはなりません。

*気候：気候の特徴を示し，気候を構成しているモノを，気候要素という。なかでも気温，降水量，風が重要である。

2 気温のメカニズム

[1] 緯度　地表面が受け取る熱の量は，太陽高度が高い低緯度ほど多くなり，太陽高度が低い高緯度ほど少なくなります。ということは，**赤道付近は高温，極付近は低温**になるということです！雨温図*やハイサーグラフ**を読むときは，まずは**緯度に注目！！！**

図1　気温のメカニズム

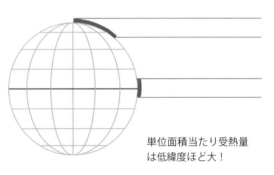

単位面積当たり受熱量は低緯度ほど大！

*雨温図：月ごとの平均気温を折れ線グラフで，月ごとの平均降水量を棒グラフで表したもの（図2）。

**ハイサーグラフ：縦軸に月ごとの平均気温，横軸に月ごとの平均降水量を表したグラフ（図3→p60）。

図2　雨温図の読み方

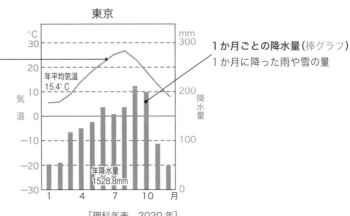

東京

月平均気温（折れ線グラフ）
毎日の平均気温を1か月分平均した数値

1か月ごとの降水量（棒グラフ）
1か月に降った雨や雪の量

年平均気温 15.4℃

年降水量 1528.8mm

[理科年表　2020 年]

図3　ハイサーグラフの描き方

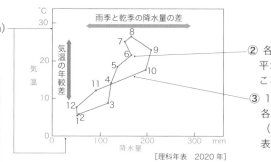

① グラフの横軸に降水量（mm）
　縦軸に気温（℃）をとる。

[ハイサーグラフから読み取れること]
① グラフの縦幅の大小は、気温の年較差（ねんかくさ）の大小を示す。
② グラフの横幅が大きい場合、雨季（うき）と乾季（かんき）があることを示す。

② 各月の平均降水量と平均気温の交わるところに点を打つ。

③ 1月から12月の順に各月の点を線で結ぶ（一般に各点に月を表示する）。

[理科年表　2020年]

図4　地点ごとの気候パターンが表されたハイサーグラフ

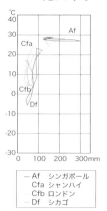

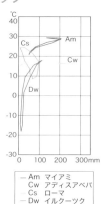

― Af　シンガポール
― Cfa　シャンハイ
― Cfb　ロンドン
― Df　シカゴ

― Am　マイアミ
― Cw　アディスアベバ
― Cs　ローマ
― Dw　イルクーツク

図5　ハイサーグラフとケッペンの気候区との関係

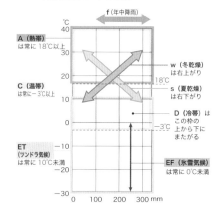

〔2〕**高度（標高）**　**高度が100m上昇すると、気温は約0.6℃低下**します。つまり同じ緯度（い・ど）であっても、高度が高ければ高いほど気温は低くなるのです。

〔3〕**大陸性気候**　**大陸は、おもに岩石で構成**されているので、暖まりやすく冷えやすい性質をもっています。したがって、**大陸内部では夏季に気温が上がりやすく、冬季に下がりやすい大陸性気候**になります。

〔4〕**海洋性気候**　**海洋は、おもに水で構成**されているので、暖まりにくく冷えにくい性質をもっています。したがって、**沿岸部や海洋からの大気の影響を強く受ける地域では、温和な海洋性気候**になるのです。

〔5〕**気温の年較差（ねんかくさ）（ねんこうさ）**　**1年のうちの最も暖かい月の平均気温と最も寒い月の平均気温の差**です。季節による気温差、つまり夏と冬の気温差と考えていいですね。**気温の年較差が大きいところは高緯度地域、小さいところは赤道付近などの低緯度地域である**ことを忘れないようにしましょう！　もし緯度が同じなら、**沿岸部より大陸内部のほうが大きくなります。**ちなみに東京の年較差は、約21℃です（最暖月は8月で26.4℃、最寒月は1月で5.2℃）。

〔6〕**気温の日較差（にちかくさ）（にちこうさ）**　**1日の最高気温と最低気温の差**です。気温の日較差は、降水量が少ない**砂漠気候地域では特に大きく**なります。また、沿岸部より大陸内部のほうが大きいです。

③ 降水量の分布と年変化

〔1〕**降水のメカニズム**　**水蒸気を含む空気が暖められて上昇**すると，空気の温度が低下し，過飽和（かほうわ）になって雲が生じます。雲から水滴が落下してきたものが**降水**となります。つまり，「**水蒸気を含む空気が上昇する**」ところにだけ，降水がみられるのです（図6）。

〔2〕**上昇気流**（じょうしょうきりゅう）　**空気が上昇**するところは，**気圧が低いところ**なので，**低圧（低気圧）では雨が降りやすい**と考えましょう！　地球規模でみると，赤道付近に位置する**赤道低圧帯（熱帯収束帯）**（ねったいしゅうそくたい）や緯度50～70度付近に位置する**亜寒帯低圧帯**（あかんたいてい）（あつたい）の影響を受ける緯度帯は，降水量が多くなります（図1→p72）。

また，**海洋から吹きつける風が，山地にぶつかって上昇気流となる地域**も降水量が多いです。**ノルウェーの西岸**（偏西風）（へんせいふう），**マダガスカル島東岸**（南東貿易風）（なんとうぼうえきふう）なんかがその例ですね。

図6　降水のメカニズム

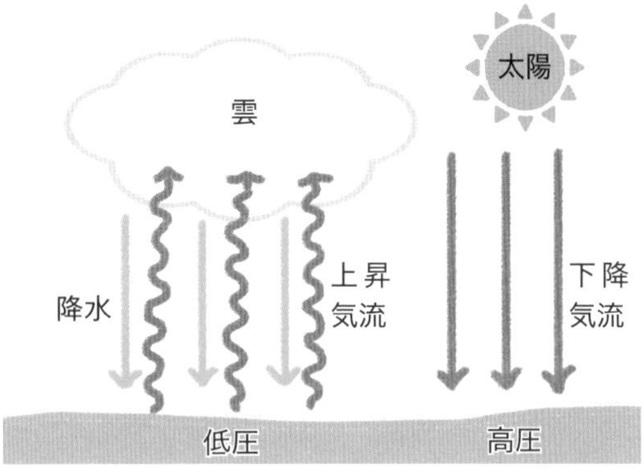

雲　太陽　降水　上昇気流　下降気流　低圧　高圧

[著者原図]

〔3〕**下降気流**（かこうきりゅう）　**空気が下降**するところでは，**降水量が少なく**なります。地球規模でみると，**回帰線**（かいきせん）*が通る緯度20～30度付近に位置する**亜熱帯（中緯度）高圧帯**（あねったい）（ちゅういど）（こうあつたい）や，極付近に位置する**極高圧帯**（きょくこうあつたい）の影響を受ける緯度帯は，降水量が少なくなります（図1→p72）。

世界の大部分の**砂漠が位置**しているのは，**緯度20～30度付近**なのです。

*回帰線：夏至（げし）と冬至（とうじ）のときに太陽高度が90度になる緯線。北緯23.4度が北回帰線（きたかいきせん），南緯23.4度が南回帰線（みなみかいせん）。回帰線付近は，年中亜熱帯高圧帯の影響を受けるため，砂漠が発達する。

〔4〕**季節による気圧帯の移動**　地軸（ちじく）の傾きにより，**気圧帯が南北に移動する**ということを忘れてはいけません。**夏至のころ（6月20日ごろ）**は，太陽高度が北半球側で高くなるため，**気圧帯が全体的に北に移動**します。逆に**冬至のころ（12月20日ごろ）は南に移動**します。したがって，「**気圧帯は7月に北上，1月に南下**」ということを確実にマスターしておきましょう。この気圧帯の移動によって，それぞれの地域に降水の季節変化をもたらしているのです（図7→p62）。

> 例　a 赤道付近は，赤道低圧帯が北上しても南下しても，いつも影響を受けているので，年中多雨になる。
>
> 　　b 北緯15度付近は，赤道低圧帯の北上で7月には降水が多いが，1月には赤道低圧帯が南下してしまうのでその影響からはずれ，逆に亜熱帯高圧帯が南下してきて，影響を受けるため乾燥してしまう。
>
> 　　c 北緯25度付近は，亜熱帯高圧帯が北上しても南下しても，いつも影響を受けているので，年中乾燥する。

図7 降水量の季節変化

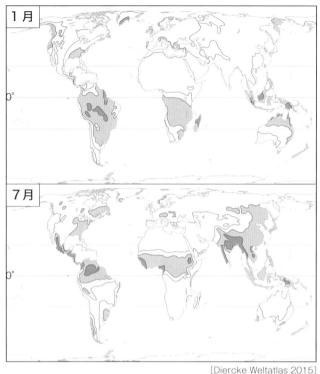

300mm 以上

100〜300mm

25〜100mm

25mm 未満

[Diercke Weltatlas 2015]

＊降水量の多い地域が，1月には南下，7月には北上していることに注意しましょう！

4 風のメカニズムと影響

〔1〕**風のメカニズム**　風は，**気圧が高いところ（高気圧，高圧）から低いところ（低気圧，低圧）に向かう大気の移動**です（図8）。さらに**転向力（自転）**の影響を受けるので，貿易風＊や偏西風＊＊などのような地球的規模で吹く風は，**風の進行方向に対して北半球では右に，南半球では左に曲がる**ことに注意しましょう！

＊貿易風：亜熱帯（中緯度）高圧帯から赤道低圧帯（熱帯収束帯）に吹き込む風。北半球では北東風，南半球では南東風になる。

＊＊偏西風：亜熱帯（中緯度）高圧帯から亜寒帯低圧帯に吹き込む西風。低緯度の熱を高緯度に運搬するため，偏西風の影響を受ける大陸西岸では，冬季の気温が緯度の割に高くなる。

〔2〕**風と気候**　**海洋から吹く風は，水蒸気を陸地にたくさん運搬**するため，陸地に多くの雨を降らせ，**湿潤な気候をもたらし**ます。逆に**大陸から吹き出す乾燥風の影響を受けると，降水量は少なくなり**ます。また，海洋から吹く風は，山地の風上側で上昇気流となるため多量の降水をもたらし，**風下側では下降気流**となり晴天が多くなるのです。

図8 風のメカニズム

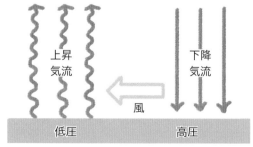

上昇気流

下降気流

風

低圧　　高圧

[著者原図]

02 熱帯の生活
年中暑い熱帯地域では，どのような暮らしが営まれているのだろう？

1 熱帯の気候と環境

　熱帯は，**最寒月平均気温**が18℃以上と年中気温が高く，**気温の年較差も小さい**気候です。やせた赤土の**ラトソル***が分布し，日中から夕方にかけては，**スコール****とよばれる激しい雨が降ります。農地などでは，スコールによる**土壌侵食**や**土壌流出**が生じてしまい，作物栽培の障害になってしまうのです。

　*ラトソル：熱帯の多量の激しい降水によって，土中の栄養分が流出し，表層に鉄やアルミニウムの酸化物が残留した赤色の土壌。高温多雨の気候下では，有機物の分解が速く，栄養分となる腐植が乏しい土壌が形成される。

　**スコール：突風をともなう短時間の激しい豪雨で，熱帯地域でみられる。

〔1〕**熱帯雨林気候（Af）**　**赤道付近**に分布し，いつも**赤道低圧帯**の影響を受けているため，**年中降水量が多い**です。**常緑広葉樹***の**密林**からなる熱帯雨林が広がっています。アマゾン盆地やコンゴ盆地に分布する気候です。

　*常緑広葉樹：落葉する時季がない広葉樹で，葉は平たく薄いものが多い。熱帯雨林気候や温帯の低緯度側（照葉樹）でみられ，葉は時季を問わず交互に生え替わる。

写真1　熱帯雨林（コスタリカ）

〔2〕**熱帯モンスーン気候（Am）**　短い乾季をもち，**常緑広葉樹と落葉広葉樹***が混在する森林が広がっています。

　*落葉広葉樹：乾季の乾燥や冬季の低温の際，いっせいに落葉する広葉樹で，サバナ気候や温帯の高緯度側でみられる。

写真2　サバナ（ケニア・アフリカ）

〔3〕**サバナ気候（Aw）**　**熱帯雨林気候の周辺に位置し，夏季は赤道低圧帯の影響で雨季，冬季は亜熱帯高圧帯の影響で明瞭な乾季**があります。**まばらな樹木（疎林）**と**長草の草原**が広がりますが，乾季には樹林は落葉し，草は枯死してしまいます。雨季と乾季の景観が著しく異なるので注意しましょう！
アフリカ，**南アメリカ**などで広範囲に分布しています。

2 熱帯地域の伝統的な生活

〔1〕**衣食住**　住居は，**豊富な木材**を使用し，湿気や洪水の影響を防ぐため高床式住居（たかゆかしき）（写真3）が多くみられます。とにかく年中暑いので，衣服も風通しがよく半袖の服が好まれています。また，**アフリカの熱帯地域などでは，キャッサバ，ヤムイモ，タロイモなどのイモ類を主食**にしている地域もあるんですよ。

〔2〕**伝統的農業**　古くから移動式の焼畑農業（やきはた）*がおこなわれてきました。**自給用のイモ類や雑穀（ざっこく）などをおもに栽培**してきたのです。いっぽう，熱帯の商品作物の栽培も盛んで，**プランテーション農業****が発達している地域もあります。

*焼畑農業：森林や草原に火入れをおこなうことによって雑草を除去し，さらに草木灰（そうもくばい）を肥料として利用する移動式耕作。数年で地力が衰えるため，場所を移動する。現在では，おもに熱帯地域でおこなわれている。

**プランテーション農業：おもに熱帯の商品作物を大規模に栽培する農業で輸出指向が強い。第二次世界大戦前は，植民地の宗主国の資本で経営されてきたが，現在は現地資本や先進国の多国籍企業による経営が多い。

図1　熱帯の分布

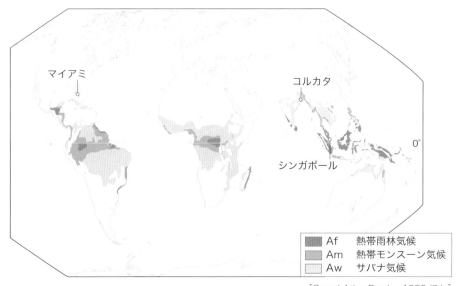

Af	熱帯雨林気候
Am	熱帯モンスーン気候
Aw	サバナ気候

[Grand Atlas Bordas 1988 ほか]

図2　熱帯の気温と降水量

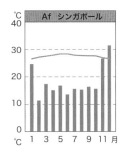
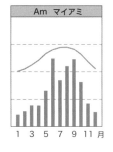
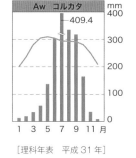

[理科年表　平成31年]

写真3　高床式の住居
（インドネシア）

03 乾燥帯の生活
すごく雨が少ない地域では，水資源が宝！
水の不足をどうやって乗り切るのだろう？

1 乾燥帯の気候と環境

　乾燥気候は，**降水量が少なく，蒸発量が多い地域**に分布します。蒸発量は気温に比例しますから，気温もある程度高いということです。**樹林や草などの植生が乏しく**，人間生活にとっても厳しい環境になります。

〔1〕**砂漠気候（BW）**　**南北回帰線付近**は，**年中亜熱帯（中緯度）高圧帯の影響を受けるため，乾燥が著しく砂漠気候**が広がります。また，海洋からの水蒸気が届きにくい**大陸内部**にも砂漠気候が分布しています。**植生はほとんどみられず**，土壌も有機物をほとんど含まない砂漠土です。農業をおこなうにしろ，日常生活を過ごすにしろ，あまりにもツラい気候ですね。**北アフリカのサハラ砂漠，アラビア半島，オーストラリア内陸部などに分布**しています。

〔2〕**ステップ気候（BS）**　**砂漠気候の周囲**には，わずかに降水がみられる**ステップ気候**が分布しています。丈の短い**短草草原**が特徴的な植生です。砂漠気候とステップ気

図1　乾燥帯の分布

[Grand Atlas Bordas 1988 ほか]

図2　乾燥帯の気温と降水量

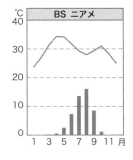

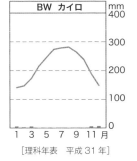

[理科年表　平成31年]

乾燥帯のポイント！

気温が高いわりに降水量が少ないので，どうしても水が不足してしまいます。そこで農作物を栽培するには，河川水や地下水を利用する灌漑が必要になるのです。天水に頼れないって本当に大変ですネ！

候の境界付近には，多少の有機物を含む暗褐色の栗色土が，やや降水量が多いステップ気候地域には，肥沃な黒色土*が分布しています。

*黒色土：おもにステップ気候にみられる肥沃な土壌。土壌中には草から生成された腐植（有機物が土中の微生物によって適度に分解されたもの）が多量に堆積し，ウクライナやロシア南部でみられるチェルノーゼムのような黒色土になる。

2 乾燥地域の伝統的な生活

〔1〕衣食住　乾燥帯（B）では，水分が少ないため，日中の気温は上がりやすく，夜間の気温は下がりやすいので，**気温の日較差がすごく大きく**なります。日本だと気温の日較差は，5〜15℃くらいですけど，乾燥帯では40〜50℃にもなるところがあるのです。**砂ぼこりも多い**ですしね。そこで，**衣服は長袖で丈の長い衣服**が好まれます。**日中の日差しを防ぎ，夜間の冷気に耐えなければならない**からです。

住居についても，熱帯とは著しく異なります。なんせ，建材となる木材がありません。そこで，生まれたのが**日干しレンガ**！　泥をこねて，天日干しして，建材に利用されます。日中の熱気，夜間の冷気をできるだけ避けるため，**壁は厚く，窓は小さいつくり**になっています。日本とは大きな違いですね。

〔2〕伝統的な農業と生活　降水量が極めて少なく，農作物の栽培に適していない地域では，羊，ラクダなどの遊牧*が古くからおこなわれてきました。**外来河川沿岸や山麓の湧水地などのオアシス**では，灌漑**によって**ナツメヤシ**（写真1），麦類などの栽培がおこなわれています。また，水源が居住地から離れている場合には，**地下水路*****を建設し蒸発の影響を避ける工夫（図3）や，**海水の淡水化**などもおこなわれています。

*遊牧：家畜のえさとなる草地を求め，季節によって移動する牧畜。モンゴル，西アジア，北アフリカなど自然環境が厳しい地域で伝統的におこなわれてきたが，近年は定住化が進んでいる。

**灌漑：河川水や地下水を取水し，耕作をおこなうため給水すること。乾燥地域では灌漑が欠かせず，湿潤地域でも生産を安定させるために導入しているところがある。

***地下水路：山麓に元井戸を掘り，そこから蒸発を防ぐため，地下を通して，集落や耕地に導水する。イランではカナート，北アフリカではフォガラ，アフガニスタンではカレーズとよばれる。

写真1　ナツメヤシの栽培

図3　地下水を利用した灌漑水路

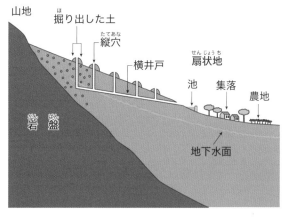

04 温帯の生活
人々の生活に快適な気候環境！
それが温帯！！！

1 温帯の気候と環境

　最近は温暖化の影響もあって，夏はかなり暑いですが，それでも**温帯は他の気候帯に比べると，過ごしやすい気候**です。**最寒月平均気温が－3℃以上で18℃未満の気候帯が温帯**です。温帯の高緯度側ではクーラーがいらない地域，低緯度側では暖房がいらない地域もあるくらいで，とっても過ごしやすい気候なのです。

〔1〕**温暖湿潤気候（Cfa）**　**大陸東岸**に位置し，**夏季は高温，冬季は寒冷な季節風の影響**を受けます。日本は，北海道を除く大部分がこの気候区に属していますが，やはり西岸に位置するヨーロッパなんかと比べると，**気温の年較差**が大きいですね。降水に関しては，夏季は高温多湿な季節風の影響，冬季は前線や低気圧の影響を受けるため，**年間を通じて降水**がみられます。日本をはじめ，**中国・華中，アメリカ合衆国東部，アルゼンチン東部**などに分布しています。植生は**高緯度側が落葉広葉樹，低緯度側が常緑広葉樹**，土壌は**褐色森林土***です。

＊褐色森林土：おもに温暖湿潤気候，西岸海洋性気候に分布する土壌。モンスーンアジアの褐色森林土は比較的肥沃だが，ヨーロッパの褐色森林土は腐植が薄く生産力が低い。

〔2〕**温暖冬季少雨気候（Cw）**　**大陸東岸**の温暖湿潤気候区の低緯度側や，**サバナ気候区の高緯度側**にみられます。**夏季は季節風などの影響で降水量が多い**ですが，冬季は亜熱帯（中緯度）高圧帯の影響で著しく乾燥します。**中国の華南からインド北部**にかけて分布しています。植生は**常緑広葉樹（照葉樹***），土壌は**赤黄色土**です。

＊照葉樹：亜熱帯から温帯に分布する常緑広葉樹で，葉の表面に光沢をもつためこのようによばれる。シイ，カシ，クスなどがこの仲間。

〔3〕**西岸海洋性気候（Cfb）**　**大陸西岸**の高緯度側にみられます。1年を通じて**海洋からの偏西風の影響**を受けるため，前線や低気圧が頻繁に通過し，**平均的な降水**がみられるとともに，**高緯度の割に冬季に気温が下がらず，気温の年較差が小さい気候**です。ヨーロッパでは広範囲に分布していますが，**カナダ・アラスカ太平洋岸，チリ南部**などでもみられます。植生はブナなどの**落葉広葉樹**，土壌は褐色森林土です。

〔4〕**地中海性気候（Cs）**　**大陸西岸**の西岸海洋性気候の低緯度側にみられます。**夏季は亜熱帯（中緯度）高圧帯の影響で乾燥**し，**冬季は偏西風の影響を受けるため湿潤**になります。**ヨーロッパの地中海地方**では広範囲に分布していますが，**アメリカ合衆国の太平洋岸やチリ中部，オーストラリア南西岸**などでもみられます。植生は**硬葉樹***，土壌は**地中海性赤色土**です。

＊硬葉樹：夏季の乾燥に耐える常緑広葉樹で，オリーブ，コルクがしなどが代表的な樹種。

2 温帯の環境と農業の発達

　温帯の気候区は，**古くから経済活動**がおこなわれ，多くの人々が生活を営んできましたが，各気候区によってかなり気温や降水量が異なるため，農業など人々の生活にはさまざまな地域性がみられます。

　たとえば，**モンスーンアジアの温暖湿潤気候区（Cfa）**では，高温多雨を利用した**稲作**，**地中海地方の地中海性気候区（Cs）**では耐乾性の硬葉樹であるオリーブ，コルクがしや**果樹**などを栽培する**地中海式農業***，**北西ヨーロッパの西岸海洋性気候区（Cfb）**では**小麦などの穀物と飼料作物の栽培と豚，牛などの家畜飼育を組み合わせた混合農業***** などがおこなわれてきたのです。現在は，いろいろな変化もみられますが，このような伝統的な農業が，かなり長い期間おこなわれてきたんですね。

> ＊地中海式農業：地中海性気候地域でおこなわれている農業で，夏季に高温乾燥，冬季に温暖湿潤になるため，夏季には乾燥に耐える樹木作物（オリーブ，コルクがし，オレンジ，ブドウなど），冬季には小麦を栽培しつつ，家畜飼育をおこなう。近年は，果樹，野菜の栽培が増加している。

> ＊＊混合農業：小麦などの食用穀物と飼料作物を輪作し，豚，牛などの家畜飼育と組み合わせた有畜農業。北西ヨーロッパで発達し，近年は畜産物の販売に重点を置く商業的混合農業が一般化している。

図1　温帯の分布

[Grand Atlas Bordas 1988 ほか]

図2　温帯の気温と降水量

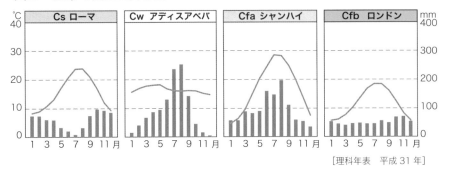

[理科年表　平成31年]

05 亜寒帯（冷帯）と寒帯の生活

長く寒い冬を，いったいどうやって乗り切るのだろう？　冬の寒さがあまりにも強烈！！！

1 亜寒帯（冷帯）の気候と環境

　北半球の北緯50～70度付近に分布しています。南半球には，その緯度帯に陸地がほとんどないので，**亜寒帯（D）は北半球のみに分布**していることに注意！　**最寒月平均気温が－3℃未満**，**最暖月平均気温は10℃以上**の気候帯で，長く寒い冬が続き，短い夏が訪れます。このため**気温の年較差がとっても大きい**という特徴をもっています。亜寒帯の南部の植生は，針葉樹と落葉広葉樹の混合林，土壌は褐色森林土ですが，北部の植生は**針葉樹林のタイガ***，土壌は灰白色のポドゾル**が分布しています。

　*タイガ：針葉樹林のことで，モミ，トウヒなどの単一樹種から構成されていることが多い（純林）。スカンディナヴィア半島，ヨーロッパロシアからシベリア，アラスカ，カナダなどに分布。

　**ポドゾル：亜寒帯に分布するやせた灰白色の土壌。低温で有機物の分解が進まず，降水量も少ないことから酸性が強い。

〔1〕**亜寒帯湿潤気候（Df）**　一年を通じて一定の降水がみられ，**ユーラシア大陸西部**と**北アメリカ大陸**に分布しています。

〔2〕**亜寒帯冬季少雨気候（Dw）**　夏季は季節風の影響で，ある程度の降水がみられますが，**冬季は極端に降水・降雪が減少**します。ユーラシア大陸東部にのみ分布していて，冬季は優勢なシベリア高気圧の影響を受けるため，winter dryになるのです。

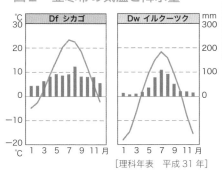

◎亜寒帯のポイント！
北半球だけにしか存在しないことを忘れないようにしましょうネ！

図1　亜寒帯の分布

| | Df | 亜寒帯（冷帯）湿潤気候 |
| | Dw | 亜寒帯（冷帯）冬季少雨気候 |

[Grand Atlas Bordas 1988 ほか]

図2　亜寒帯の気温と降水量

Df シカゴ　　Dw イルクーツク

[理科年表　平成31年]

② 亜寒帯（冷帯）の伝統的な生活

　低緯度側では，混合農業や酪農がおこなわれていますが，高緯度側では作物栽培が困難で，林業などが営まれています。シベリア東部やカナダでは，地中に永久凍土*が分布している地域があるため，建物やパイプラインを高床式工法によって建設するなど，凍土に熱を与えにくいような努力が図られています。

　　＊永久凍土：氷期に凍結した土壌・岩石で，現在でもアラスカ，カナダ，シベリアの地中の一部には残存しており，厚さは数百mに及ぶものもある。

写真1　高床式工法の建築物（シベリア）

③ 寒帯の気候と環境

　最暖月平均気温が10℃未満の地域で，森林限界に当たるため樹林はみられません。

〔1〕ツンドラ気候（ET）　最暖月平均気温0℃以上10℃未満の地域で，夏には氷雪が融けるので，コケ類，地衣類（菌類），小低木が生育しますが，冬季には氷雪に覆われます。

〔2〕氷雪気候（EF）　最暖月平均気温0℃未満の地域で，1年中氷雪に覆われています。あまりにも気温が低いので，植生はみられません。

写真2　ツンドラ（アラスカ）

冬季　　　　　　　　　　　　　　　　　夏季

4 寒帯の伝統的な生活

　ツンドラ気候（ET）は，耕作限界に当たる**最暖月平均気温10℃**を下回るので，**作物の栽培はできません**。低温であるだけでなく，土壌も農業に適さない**ツンドラ土**が分布しているのでなおさらです。

　カナダやアラスカの北極海沿岸などでは，イヌイット（エスキモー）などの先住民が**トナカイの遊牧**やアザラシなどの**漁労**を営んでいます。

　氷雪気候（EF）は，年中氷雪に覆われているため，ほとんど人間が居住することができないアネクメーネ（非居住地域）になっています。

図3　寒帯の分布

[Grand Atlas Bordas 1988 ほか]

写真3　アザラシ漁のようす

図4　寒帯の気温と降水量

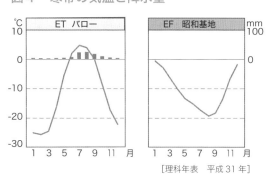

[理科年表　平成31年]

発展学習〜地理の学びを深める〜
大気大循環と季節風

1 大気大循環

風は，気圧の高い地域から低い地域へ，熱と水蒸気を運搬。

〔1〕**赤道低圧帯（熱帯収束帯）** **赤道付近で**は，太陽の熱を多く受けるため上昇気流が発生し，赤道低圧帯を形成するとともに，**多量の降水**をもたらす。

〔2〕**亜熱帯（中緯度）高圧帯** 赤道付近で生じた上昇気流は，水蒸気を失い，**緯度20〜30度付近で下降気流**となり，亜熱帯高圧帯を形成するとともに，**乾燥した気候**をもたらす。亜熱帯高圧帯から赤道低圧帯に吹き出すのが**貿易風**，亜熱帯高圧帯から亜寒帯低圧帯に吹き出すのが偏西風。

〔3〕**亜寒帯低圧帯** 亜熱帯高圧帯から吹き出した偏西風と極高圧帯から吹き出した極（偏）東風が，地表付近でぶつかることにより上昇気流が生じて，亜寒帯低圧帯が形成。寒帯前線や温帯低気圧が発生しやすく，降水をもたらす。**寒帯前線帯**ともいう。

〔4〕**極高圧帯** 受熱量が少ない**極付近**の大気は冷却され，下降気流が生じ極高圧帯を形成。極高圧帯から亜寒帯低圧帯に吹き出すのが極（偏）東風。

図1　大気の大循環の模式図

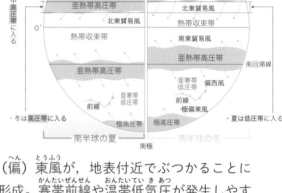

2 季節による気圧帯の移動と降水の変化

地軸の傾きによる太陽高度の変化は，**季節によって気圧帯を移動させる。**低圧帯の影響を受けると降水量が増加し，高圧帯の影響を受けると降水量が減少する。また，高圧帯や低圧帯は，南北にある程度の幅をもつため，**年中低圧帯の影響（熱帯雨林気候，西岸海洋性気候）**を受けたり，**年中高圧帯の影響（砂漠気候，氷雪気候）**を受ける地域も生じる。

3 季節風（モンスーン）

海陸の比熱差により気圧差が生じ，**季節によって風向が逆転**する風。モンスーンアジアでは極めて優勢。

〔1〕**夏季の季節風** 高圧になった**海洋から大陸へ吹き込む風。**海洋から多量の水蒸気が運搬されるため，**多**

図2　緯度別の年降水量と蒸発量

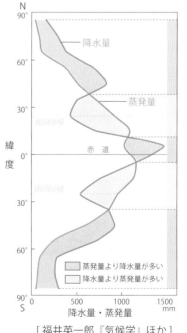

[福井英一郎『気候学』ほか]

量の降水をもたらす。**東アジアでは南東風，東南アジアと南アジアでは南西風**。

〔2〕**冬季の季節風** 高圧になった**大陸から海洋へ吹き出す風**。大陸からの**寒冷乾燥風**が吹き出す。**東アジアでは北西風，東南アジアと南アジアでは北東風**。

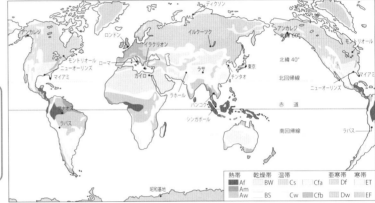

図3 季節風のメカニズム

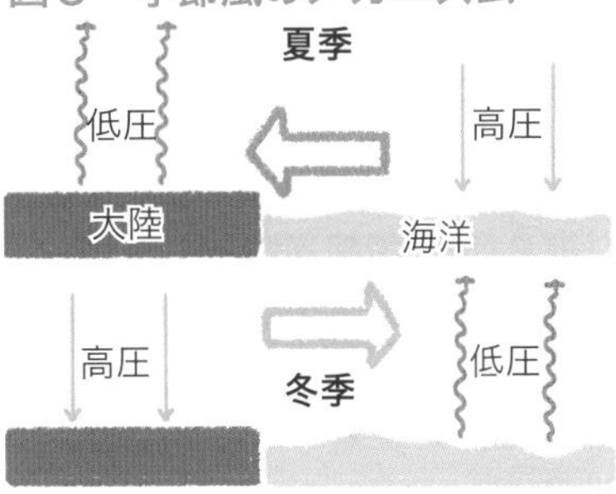

[著者原図]

4 ケッペンの気候区分

ドイツの気候学者ケッペン（1846-1940）は，植生分布と気温，降水量の年変化をもとに世界の気候を区分した。

図4 ケッペンの気候区分図

[ケッペン原図，ガイガーほか修正，ほか]

ケッペンの気候区分のポイント！
ちょっと大変ですが，気候区を決定する数値については正確に覚えておきましょう！

図5 ケッペンの気候区分

気候帯	気候区		湿潤・乾燥	分類基準（気温）	分類基準（降水量）	植生 おもな農業／農産物	該当するおもな地域
A（熱帯）	Af	熱帯雨林気候	乾季なし	最寒月の平均気温が18℃以上	最少雨月降水量 60mm 以上	常緑広葉樹（Af），落葉広葉樹（Am）焼畑農業／イモ類，バナナ	アマゾン川流域（セルバ）コンゴ盆地
	Am	熱帯モンスーン気候	弱い乾季あり		最少雨月降水量60mm 未満 最少雨月降水量≧-0.04×年降水量+100	プランテーション農業／コーヒー，カカオ，天然ゴム，油ヤシ	マレー半島，山間部を除くインドネシア・パプアニューギニア，フィリピン
	Aw	サバナ気候	乾季あり		最少雨月降水量60mm 未満 最少雨月降水量<-0.04×年降水量+100	丈の長い草，低木類（アカシア，バオバブなど）サトウキビ，綿花，コーヒー，米（アジア）	インドシナ半島，インド東部 オリノコ川流域（リャノ），ブラジル高原（カンポ）
C（温帯）	Cs	地中海性気候（温帯冬雨気候）	夏乾季・冬雨季	最寒月の平均気温が18℃〜-3℃	s…夏に雨が少ない（冬雨型）	硬葉樹（オリーブ，コルクガシなど）小麦，オリーブ，ブドウ	地中海沿岸から西アジア＜大陸西岸で乾燥帯の高緯度側＞
	Cw	温暖冬季少雨気候（温帯夏雨気候）	夏雨季・冬乾季		w…冬に雨が少ない（夏雨型）	常緑広葉樹 米，茶	中国中東部・南西部，ヒンドスタン平野＜Awの高緯度側＞
	Cfa	温暖湿潤気候	年中湿潤	a：最暖月の平均気温が22℃以上 b：最暖月の平均気温が22℃未満 平均気温10℃以上が4ヶ月未満（北半球では5月と9月の各平均気温が10℃以上） c：平均気温10℃以上が1〜3か月 d：最寒月の平均気温が-38℃未満	f…年間を通じてほぼ均等に雨が降る	常緑広葉樹 米，トウモロコシ，大豆，綿花	日本，中国南部，オーストラリア東部 南北アメリカの南東部＜大陸の東岸域＞
	Cfb,Cfc	西岸海洋性気候	年中湿潤			落葉広葉樹 混合農業，酪農／小麦，ライ麦，ジャガイモ	ヨーロッパ西・中部，カナダ太平洋岸 ニュージーランド＜大陸の西岸域＞
D（亜寒帯）（冷帯）	Dfa,Dfb	亜寒帯（冷帯）湿潤気候（大陸性混合林気候）	年中湿潤			混合林（Dfa），タイガ（Dfc）混合農業，酪農／小麦，ライ麦，ジャガイモ	アメリカ合衆国北部 東ヨーロッパ平原
	Dfc	亜寒帯（冷帯）湿潤気候（タイガ気候）	年中湿潤				ユーラシア大陸北部 北アメリカ北部
	Dwa,Dwb	亜寒帯（冷帯）冬季少雨気候（大陸性混合林気候）	夏雨季・冬乾季	最寒月の平均気温が-3℃未満		混合林（Dwa・b），タイガ（Dwc・d）林業，トナカイの遊牧	中国北東部 ＜ユーラシア大陸北東部＞
	Dwc,Dwd	亜寒帯（冷帯）冬季少雨気候（タイガ気候）	夏雨季・冬乾季	最暖月の平均気温が10℃以上			シベリア東部 ＜ユーラシア大陸北東部＞
E（寒帯）	ET	ツンドラ気候		最暖月の平均気温が0℃以上10℃未満		コケ類，地衣類，草 トナカイの遊牧	北極海沿岸，チベット高原，アンデス山脈の山頂付近
	EF	氷雪気候		最暖月の平均気温が0℃未満		植生はなく，氷河におおわれる	グリーンランドの内陸部 南極大陸
B（乾燥帯）	BS	ステップ気候	年降水量が乾燥限界r(mm)未満 年平均気温をt℃とした場合		年降水量が $\frac{1}{2}$ r 以上	丈の短い草 牛・羊などの放牧，小麦	ウクライナ（黒土地帯），グレートプレーンズ，パンパ
	BW	砂漠気候	●冬に乾季がある地方：r=20(t+14) ●乾季がない地方：r=20(t+7) ●夏に乾季がある地方：r=20t		年降水量が $\frac{1}{2}$ r 未満	植生はオアシスを除いてほとんど見られない 灌漑農業／小麦，ナツメヤシ	サハラ砂漠，ゴビ砂漠 グレートサンディー砂漠
		高山気候	標高が高い土地（高度は気候帯による）				アンデス山脈，メキシコ高原 チベット高原，エチオピア高原

熱帯のある気候／樹木のある気候：A，C，D
樹木のない気候：E，B

第1章　さまざまな地理的環境と生活文化 **チェックテスト**

[第2節]　**気候環境と生活文化**

問1　次の文章中の空欄に適当な語句を入れなさい。

1　地表面が太陽から受け取る熱の量は，　①　緯度ほど多くなり，　②　緯度ほど少な

くなる。

2　高度が100m上昇すると，気温は約　③　℃低下する。

3　気温の年較差は，1年の最暖月平均気温と最寒月平均気温の差で，　④　緯度ほど大きくな

り，　⑤　緯度ほど小さくなる。

4　　⑥　を含む空気が　⑦　すると，雲が発生し，降水がみられる。

5　赤道付近には　⑧　（赤道低圧帯），緯度50〜70度付近には　⑨　が発達し，これら

の影響を受ける緯度帯は降水量が多い。。

6　　⑩　が通過する緯度20〜30度付近には，　⑪　が発達するため，降水量が少なくな

り，世界の大部分の　⑫　はこの緯度帯に位置する。

7　風は，気圧が　⑬　いところから　⑭　いところへ向かう大気の移動である。

8　貿易風や偏西風などの地球的規模の風は，　⑮　の影響を受けるため，風の進行方向に対

して北半球では　⑯　，南半球では　⑰　に曲がる。

9　熱帯（A）は，最寒月平均気温が　⑱　℃以上の気候帯で，気温の年較差が　⑲

い。やせた赤土の　⑳　が分布し，スコールとよばれる激しい雨が降る。

10　ステップ気候（BS）は，BWの周辺に広がり，植生は　㉑　，土壌は肥沃な　㉒　が

分布している。

11　西岸海洋性気候（Cfb）は，年中　㉓　の影響を受けるため，高緯度に位置する割に冬季

の気温が下がらず，平均的な降水がみられる。

12　地中海性気候（Cs）は，夏季に　㉔　の影響を受けるため高温乾燥，冬季に　㉕　の

影響を受けるため温暖湿潤になり，植生は夏季の乾燥に耐えるオリーブなどの　㉖　がみ

られる。

13　亜寒帯（冷帯・D）は，最寒月平均気温が　㉗　℃未満，最暖月平均気温　㉘　℃以上の

気候帯で，植生は針葉樹林の　㉙　，土壌は酸性が強く灰白色の　㉚　が分布している。

14　ツンドラ気候（ET）は，耕作限界に当たる最暖月平均気温　㉛　℃を下回るので，作物栽

培ができないことから，北極海沿岸のイヌイットなどは　㉜　の遊牧やアザラシなどの漁

労を営んでいる。

問2　次の文章のうち，適当でないものをすべて選びなさい。

1. 地軸の傾きにより，気圧帯は南北に移動し，夏至の頃（6月20日頃）は南に，冬至の頃（12月20日頃）は北に移動する。

2. 偏西風は，亜寒帯低圧帯から亜熱帯高圧帯に吹き込む西風で，偏西風の影響を受ける大陸西岸では，冬季の気温が緯度の割に高い。

3. 熱帯雨林気候（Af）は，落葉広葉樹の密林からなる熱帯雨林が広がる。

4. 砂漠気候（BW）やステップ気候（BS）などの乾燥帯では，建材となる木材が不足するため，住居の建築に日干しレンガが多用されている。

5. 北西ヨーロッパの西岸海洋性気候（Cfb）が広がる地域では，穀物と飼料作物の輪作をおこないながら，家畜を飼育する混合農業がおこなわれてきた。

6. 亜寒帯冬季少雨気候（Dw）は，冬季極めて寒冷で，ユーラシア大陸東部，北アメリカ大陸東部に分布している。

7. 亜寒帯（D）が広がるシベリア東部やカナダでは，地中に永久凍土が分布している地域があるため，工場やマンションなどを高床式工法で建設しているところがある。

8. 氷雪気候（EF）は，夏季に氷雪が融解するため，遊牧や漁労がおこなわれている。

答え　問1　① 低　　　　② 高　　　　③ 0.6　　　　④ 高

　　　　　　⑤ 低　　　　⑥ 水蒸気　　⑦ 上昇　　　⑧ 熱帯収束帯

　　　　　　⑨ 亜寒帯低圧帯　⑩ 回帰線　⑪ 亜熱帯（中緯度）高圧帯

　　　　　　⑫ 砂漠　　　⑬ 高　　　　⑭ 低　　　　⑮ 転向力（自転）

　　　　　　⑯ 右　　　　⑰ 左　　　　⑱ 18　　　　⑲ 小さ

　　　　　　⑳ ラトソル　㉑ 短草草原　㉒ 黒色土　　㉓ 偏西風

　　　　　　㉔ 亜熱帯（中緯度）高圧帯　㉕ 偏西風（亜寒帯低圧帯・寒帯前線）

　　　　　　㉖ 硬葉樹　　㉗ −3　　　㉘ 10　　　　㉙ タイガ

　　　　　　㉚ ポドゾル　㉛ 10　　　㉜ トナカイ

　　　問2　1（夏至のころは北，冬至のころは南に移動）

　　　　　　2（亜熱帯高圧帯から亜寒帯低圧帯へ）

　　　　　　3（落葉広葉樹ではなく，常緑広葉樹）

　　　　　　6（Dwはユーラシア大陸東部のみ）

　　　　　　8（EFではなく，ETの説明）

01 宗教と人々の生活

宗教っていったいなんだろう？
そして宗教に根ざしたいろいろな習慣や文化を
学んでみよう！

1 世界の宗教

〔1〕**宗教とは何か？**　宗教をひと言で語るのはとっても難しいですが，すご〜く簡単に説明すると，人の力を超えた存在への**信仰**です。この信仰が**生活の規範**となり，同じ宗教を信仰する人々の間では，同じような**価値観**が生まれ，**同胞意識，連帯意識**が高められるのです。

〔2〕**世界宗教**　世界宗教とは，**民族を超えた教えをもち，民族の枠を超えて世界中に拡大した宗教**で，キリスト教，イスラーム，仏教などがあります。

① **キリスト教***　西アジア（パレスチナ）で，イエス・キリストにより創始された**一神教****です。ローマ帝国の国教となったことから，ヨーロッパで拡大し発展しました。なんとなくキリスト教といえば，ヨーロッパの香りがするのはそのためですね。その後，**植民地経営**や**移民**を通じて，世界中に広まっていきました。

*キリスト教：ローマ帝国の東西分裂により，キリスト教会も西のローマ・カトリック（旧教），東のオーソドックス（東方正教，正教会）に分裂。さらにローマ・カトリックからプロテスタント（新教）が分離し，それぞれの宗派がヨーロッパの民族と結びついて発展した。ラテン系はカトリック，ゲルマン系はプロテスタント，スラブ系はオーソドックスが多い。

**一神教：神は唯一の存在であるという宗教。キリスト教，イスラーム，ユダヤ教は一神教。

② **イスラーム（イスラム教）**　西アジア（アラビア半島）で，ムハンマドにより創始された**一神教**です。**イスラーム帝国の拡大**により，**西アジアを中心として北アフリカ，中央アジア**にまで広まりました。さらに，**イスラーム商人の交易**などにより，南アジア，東南アジアなどに拡大していったのです。

③ **仏　教**　南アジア（インド）で，釈迦により創始されました。インドではあまり発展せず，**スリランカ，インドシナ半島**（上座仏教），**中国，朝鮮半島，日本**（大乗仏教）などで広まりました。**チベット**を経由して**モンゴル**まで広まった**チベット仏教**も仏教の一派です。

〔3〕**民族宗教**　民族宗教とは，**ある特定の民族に対する教え**で，特定の民族のみが信仰する宗教です。世界宗教に比べて，広がりは狭くなります。

① **ヒンドゥー教**　**インド人に対する教えで，特定の創始者，教義をもたない多神教***
です。**カースト****，輪廻思想*****などを通じて，**インド人の生活規範**となっていま
す。インド人の約**80%**がヒンドゥー教徒ですから，インドでは影響力が多大です！

＊多神教：神が多数存在する宗教で，ヒンドゥー教や神道などは多神教。

＊＊カースト：ヒンドゥー教における身分制度。

＊＊＊輪廻思想：肉体は滅びても，何度でも生まれ変わるという考え方。

② **ユダヤ教**　**ユダヤ人に対する教えで，西アジアで生まれた一神教**です。キリスト
教やイスラームにも大きな影響を与えたんですよ。**イスラエルと世界各地のユダ
ヤ系移民により拡散していきました。**

〔4〕**伝統宗教**　原始宗教ともいわれ，**精霊信仰（アニミズム）**や**自然崇拝**などさまざま
な伝統宗教が各地にあります。東南アジアの山岳地帯とか中南アフリカなどでは，
まだまだ信仰されています。

② 宗教と生活

　それぞれの宗教には，さまざまな生活規範があるので，外国人と出会うと**異文化**の違い
を感じることがあります。そのきっかけとなるのが宗教です。宗教によっても，また同じ
宗教であっても国や地域によってかなり違いがみられます。

図1　世界の宗教分布と宗教人口

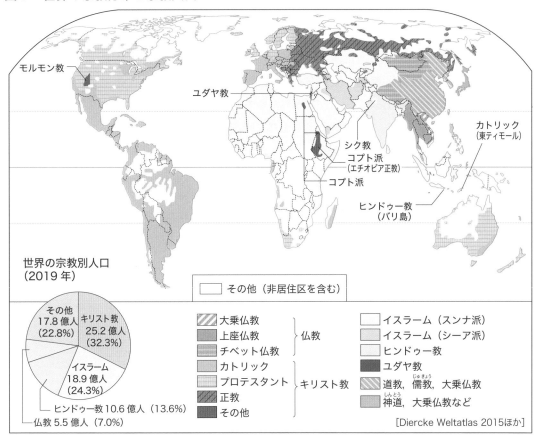

[Diercke Weltatlas 2015ほか]

02 世界の食文化とその変化

世界のさまざまな食文化は地形や気候などの自然環境や宗教などの社会環境の影響を受けて成立してきたのです！

1 自然環境による食文化の違い

古くから**気温，降水量などの自然の制約**を受けながら**農牧業**がおこなわれてきました。

〔1〕**米と小麦**　米*は，モンスーンアジア生まれで，**高温多雨**を好み，氾濫原や三角州などの低地で栽培されてきました。特に米の栽培に適したモンスーンアジアでは，米を粒のまま炊いて食べる**粒食文化**が発展してきたのです。

ところが，同じユーラシア大陸でも西のほうでは異なった食文化が発展します。それ　が小麦です！　西アジアで生まれた小麦は，**冷涼・乾燥に強く，高温を嫌い**，降水量もそれほど多くなくて栽培ができます。そのため栽培条件に適したヨーロッパで拡大し，小麦を粉にして，パンや麺に加工して食べる**粉食文化**が発展したのです。

＊米：生産量と消費量の約90％をモンスーンアジアで占め，自給的な性格が強い。いっぽう，小麦は世界各地で主食とされるため，生産量に占める輸出量の割合が高い。

〔2〕**肉と魚**　温暖で湿潤なモンスーンアジアでは，あまり**肉や乳製品のような畜産物の食事に占める割合は高くありません**でしたが，**寒冷なヨーロッパ*，乾燥した西アジア，北アフリカ**などでは，**肉や乳製品のような畜産物の食事に占める割合が高い**傾向がみられました。逆に，畜産業が発達したヨーロッパなどに比べ，畜産業が発達しなかった**日本，韓国，東南アジア**などでは水産業の発達によって，**魚介類を食べる食習慣が定着**していったのです。もちろん，現在は所得水準の上昇と**食のグローバル化**によって，大きく変化はしていますが。

＊ヨーロッパ：ヨーロッパ人は，おもに動物性タンパク質を肉や乳製品に依存し，家畜の糞は肥料として利用するなど，古くから家畜との結びつきが強かった。

2 社会環境による食文化の違い

宗教によっては，厳しい食物禁忌があります。

〔1〕**イスラーム**　**豚**は「**不浄**」であると考えられているので，豚食は禁止されています。**酒類の摂取**もダメですね！

〔2〕**ヒンドゥー教**　**牛**は「**神聖**」な家畜なので，牛肉を食べることは禁止です。

③ 新大陸から旧大陸へ

15世紀の新大陸発見により，今まで旧大陸（ユーラシア，アフリカ）では知られていなかった農作物がたくさん持ち込まれることになりました。ドイツ料理といえばジャガイモ，イタリア料理といえばトマト，韓国料理といえばトウガラシですが，これらの作物は**すべてアメリカ大陸原産**です！　つまり14世紀までは，イタリアのパスタにはトマトソースはなかった！！！

④ 食の変化

　人は不思議なもので，**所得水準が上がると，肉を食べたくなります**。日本人にしたって，この50年間で米の消費量は1/2に減少！　逆に，肉類，魚介類や小麦の消費量は増加しているのです。そのいっぽうで，日本食の**低カロリーと栄養バランスのよさ**は，世界的にも注目を集めているのも不思議な話ですね。

図1　世界各地のおもな食べ物とその調理例

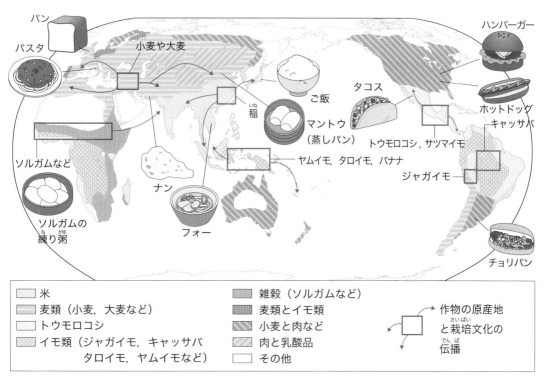

[『地球時代の食の文化』ほか]

キャッサバ

ヤムイモ

タロイモ

ソルガム

発展学習～地理の学びを深める～
世界の民族と言語

1 人種

人類を身体的特徴で区分した歴史的な分類。

〔1〕モンゴロイド　**黄色人種**とよばれ，東アジア，東南アジアに居住。

〔2〕コーカソイド　**白色人種**とよばれ，ヨーロッパと移住先である新大陸，西アジア，北アフリカ，南アジアに居住。

〔3〕ネグロイド　**黒色人種**とよばれ，サハラ以南のアフリカに居住。

2 民族

人類を文化的特徴で分類したもので，共通した生活様式のもと，言語などの共通の文化を共有し，**帰属意識**や**同胞意識（アイデンティティ）**にもとづく集団。**民族は，語族にほぼ対応。**

3 言語

文化の最も基本的な要素で，同じ言語を使用する者は，文化的特徴や帰属意識を共有する傾向にある。

〔1〕語族と諸語　歴史的に同一の起源をもつということが科学的に証明されているまとまりが語族，類似はしているが証明されていないまとまりが諸語。

① インド・ヨーロッパ語族　**インドからヨーロッパ**にかけて分布。下位分類に，インド・イラン語派（ヒンディー語，ベンガリー語，ペルシャ語など），ゲルマン語派（英語，ドイツ語，オランダ語など），ラテン語派（イタリア語，スペイン語，フランス語など），スラブ語派（ロシア語，ポーランド語，セルビア語など）などがある。

② アフリカ・アジア語族　**北アフリカから西アジア**にかけて分布。アラビア語，ヘブライ語など。

③ シナ・チベット諸語　**中国語，チベット語**，ミャンマー語など。

④ アルタイ諸語　**モンゴル語，トルコ語**など。

⑤ ウラル語族　**フィンランド語，エストニア語，ハンガリー語**など。

⑥ オーストロネシア語族　**マレー語，インドネシア語**，フィリピノ語，マオリ語，マダガスカル語など。

⑦ ニジェール・コルドファン諸語　**サハラ以南アフリカ**に分布。極めて言語数が多いため，**公用語は旧宗主国の言語**を使用している国が多い。

〔2〕公用語　19世紀以降のヨーロッパでは，1つの民族で1つの国家を形成するという国民国家（民族国家）の理念が広がり，公用語*の設定が進んだ。

*公用語：公の場での使用を公式に規定した言語。憲法・法律で規定している国と日本のように定めていない国がある。

① 単一の公用語を採用している国　日本，韓国，中国，アメリカ合衆国，フラン
ス，ドイツなど。
② 複数の公用語を採用している国　カナダ（英語，フランス語），シンガポール
（マレー語，中国語，タミル語，英語），ベルギー（オランダ語，フランス語，ド
イツ語），スイス（ドイツ語，フランス語，イタリア語，ロマンシュ語），フィリ
ピン（フィリピノ語，英語），ケニア（スワヒリ語，英語）など。

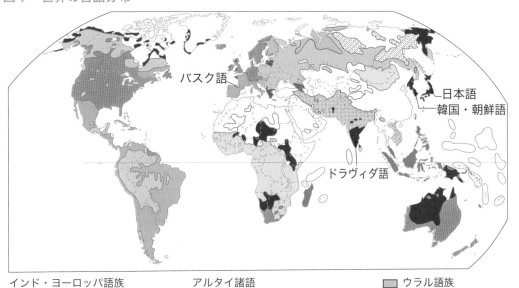

図1　世界の言語分布

インド・ヨーロッパ語族
　ゲルマン語派
　ラテン語派（ロマンス語派）
　スラブ語派
　○ インド・イラン語族
　その他の語派
　ニジェール・コルドファン諸語
　オーストロ・アジア諸語
　○ オーストロネシア語族　　その他の語族・言語
　インディアン・インディオ諸語　　非居住地

アルタイ諸語
　チュルク語派
　モンゴル語派
　ツングース・マンチュー語派

ウラル語族
カフカス諸語
シナ・チベット諸語
アフリカ・アジア語族

［『文化人類学事典』ほか］

図2　世界のおもな言語人口

2018	百万人	2018	百万人
中　　国　　語	1 299	韓　国・朝　鮮　語	77
ス　ペ　イ　ン　語	442	フ　ラ　ン　ス　語	77
英　　　　　　語	378	ド　　イ　　ツ　　語	76
ア　ラ　ビ　ア　語	315	テ　ル　グ　語	75
ヒ　ン　デ　ィ　ー　語	260	マ　ラ　ー　テ　ィ　語	72
ベ　ン　ガ　ル　語	243	ウ　ル　ド　ゥ　語	69
ポ　ル　ト　ガ　ル　語	223	ベ　ト　ナ　ム　語	68
ロ　　シ　　ア　　語	154	タ　ミ　ル　語	67
日　　　本　　　語	128	イ　タ　リ　ア　語	65
ラ　ー　ン　ダ　語	119	ペ　ル　シ　ア　語	62
ジ　ャ　ワ　語	84	マ　レ　ー　語	61
ト　　ル　　コ　　語	79		

＊第一言語による区分で，第一言語はほぼ母語に対応。［『2020 データブック　オブ・ザ・ワールド』］など

第1章 さまざまな地理的環境と生活文化 **チェックテスト**

[第3節] **社会環境と生活文化**

問1 次の文章中の空欄に適当な語句を入れなさい。

1 民族を超えた教えをもち，民族の枠を超えて拡大した宗教を，三大宗教または ① とよんでいる。

2 キリスト教は， ② で生まれた一神教で，ヨーロッパに伝播した後，植民地支配や ③ を通じて，世界中に広がった。

3 イスラーム（イスラム教）は， ④ で生まれた一神教で，イスラーム帝国の拡大により，西アジア， ⑤ ，中央アジアに広まるとともに， ⑥ の活動により東南アジア，南アジアなどにも伝播した。

4 ヒンドゥー教は，インド人に対する ⑦ で，身分制度である ⑧ や輪廻思想などを通じてインド人の生活規範となっている。

5 米は，高温多雨を好む ⑨ 原産の穀物で，氾濫原や ⑩ などの低地で栽培されてきた。

6 小麦は，冷涼乾燥に強く ⑪ を嫌う ⑫ 原産の穀物で，ヨーロッパや新大陸で主食として拡大していった。

7 イスラームでは， ⑬ が「不浄」であると考えられているため食さず， ⑭ の摂取も禁じられている。

8 ヒンドゥー教では， ⑮ は「神聖」な家畜であるため， ⑮ の肉を食べることは禁じられている。

9 ドイツ料理で使用される ⑯ やイタリア料理で使用される ⑰ は，アメリカ大陸原産の作物である。

問2 次の文章のうち，適当でないものをすべて選びなさい。

1 キリスト教は，ローマ帝国の分裂や宗教改革によって，大きく3つの宗派に分かれて発展し，ゲルマン系ではカトリック，ラテン系ではプロテスタントが優勢である。

2 南アジアで生まれた仏教は，インドではあまり発展せず，スリランカ，インドシナ半島に伝わった大乗仏教，中国，朝鮮半島，日本などに伝わった上座仏教，チベット，モンゴルなどに伝わったチベット仏教に分かれ各地で発展した。

3 インドの総人口の約80％がヒンドゥー教徒であるため，インド人の生活にヒンドゥー教が大きな影響を与えている。

4 キリスト教やイスラームは一神教だが，ヒンドゥー教や神道は多神教である。

5 モンスーンアジアでは，米を粒のまま炊く粒食文化が，ヨーロッパでは小麦を粉にして，パンやパスタにする粉食文化が発展した。

6 乾燥した西アジアや北アフリカでは，食料供給量に占める肉や乳製品の割合が，東アジア，東南アジアより高かった。

7 トウガラシは中国原産の香辛料で，ヨーロッパを通じてアメリカ大陸に伝えられた。

8 日本人の1人1日当たり米消費量は，1970年と2020年を比較しても，ほとんど増減がみられない。

答え 問1 ①世界宗教　　②西アジア（パレスチナ）　　③移民　　④西アジア（アラビア半島）

⑤北アフリカ　　⑥イスラーム（アラブ）商人　　⑦民族宗教　　⑧カースト

⑨モンスーンアジア　⑩三角州　　⑪高温　　⑫西アジア

⑬豚　　⑭アルコール（酒）　　⑮牛　　⑯ジャガイモ（バレイショ）

⑰トマト

問2 1（ゲルマン系はプロテスタント，ラテン系はカトリック）

2（大乗仏教と上座仏教が逆）

7（トウガラシは，中国ではなく南アメリカ大陸原産）

8（米の1人1日当たり消費量は，この50年間で約1/2に減少）

01 食生活と農業の分布
人々の食生活は，いったい何によって決まるのだろう？

① 食生活の地域的分布

　食生活は，農作物の栽培に大きな影響を与える**気候**によって，規定されてきたということを説明してきましたね。特に主食とされてきた作物の分布から，食生活は大きな影響を受けています。たとえば，**米はモンスーンアジア，小麦は地中海地方からヨーロッパ，トウモロコシはメキシコや東アフリカ諸国，雑穀やイモ類はサハラ以南アフリカ**などのように，自然環境に対応した作物が主食とされてきたのです。

② 農業の地域的分布

　農業は地形や気候などの自然環境だけでなく，資本の蓄積のような経済などの社会環境にも左右されてきました。そして，以下の**経営形態**に分化・発展していったのです。

〔1〕自給的農業

　農家の自家消費を目的として，自給用農産物の生産をおこなうタイプ。

　焼畑農業，オアシス農業*，アジアの集約的稲作**，アジアの集約的畑作***。

*オアシス農業：砂漠気候などの乾燥地域でおこなわれている灌漑農業。ナツメヤシ，小麦，大麦などを集約的に栽培する。

**アジアの集約的稲作：アジアの年降水量 1,000mm 以上の地域でおこなわれている稲作農業で，狭い農地に多くの労働力を投下する労働集約的な農業。

***アジアの集約的畑作：アジアの年降水量 1,000mm 未満の地域でおこなわれている畑作農業で，おもに小麦，大麦，トウモロコシ，雑穀などを栽培する労働集約的な農業。

〔2〕商業的農業

　農家が販売を目的として，商業用農産物の生産をおこなうタイプ。産業革命後，工業化，都市化の進展などにともない，ヨーロッパを中心に発達した。

　混合農業，酪農*，園芸農業**，地中海式農業***。

*酪農：乳牛飼育と飼料栽培をおこない，乳製品の販売をおこなう農業。穀物栽培に不適な冷涼地域，氷食をうけたやせ地，大消費地周辺などで発達した。

**園芸農業：野菜，果実，花卉などを生産・販売する農業。都市化の進行によってヨーロッパを中心に発達した。

***地中海式農業：夏季に高温乾燥，冬季に温暖湿潤となる地中海性気候で発達した農業で，耐乾性の樹木作物（オリーブ，コルクがし，オレンジなど）の生産・販売に重点を置く。近年は，野菜栽培も盛ん。

〔3〕企業的農業

商業的農業のうち，大規模機械化した農業経営をおこない，輸出指向が強い農業で，おもに南北アメリカやオーストラリアなどの新大陸を中心に発展。

企業的穀物農業*，企業的牧畜**，プランテーション農業。

*企業的穀物農業：小麦などの穀物を大規模で機械化された農法で栽培する農業で，農業機械，化学肥料，農薬などを使用し，バイオテクノロジーなどの最先端の技術を導入。アメリカ合衆国，カナダ，オーストラリアなどの新大陸で発達。

**企業的牧畜：大規模な牧場で肉牛や羊を飼育する農業で，アメリカ合衆国のグレートプレーンズ，ブラジルのカンポ・セラードなどで発達。

📍 **企業的農業のポイント！**

アメリカ合衆国でおこなわれている企業的農業は，とんでもなく大規模な経営です。日本の小麦の70％近くが北海道で生産されているように，アメリカ合衆国でも小麦生産の大半は，西経100度付近を中心とする春小麦地帯，冬小麦地帯，そして北西部のワシントン州です。これらの小麦生産における農家一戸当たりの経営規模は平均でも150ha以上（日本は2.5ha）ですからまさに驚きです。

写真1　穀物農場と穀物エレベーター
（ネブラスカ州・アメリカ合衆国）

穀物エレベーターは，小麦などの穀物貯蔵庫。

3 食文化の多様性と変化

世界各地の**伝統的な食文化**は，**所得水準の向上やグローバル化**によって，徐々に変化しています。日本だって，第二次世界大戦前はたくさんのご飯を食べ，おかずは少量の魚，漬け物，みそ汁だったのに，今は**多様化，高級化**しています。

豊かな先進国では，1人当たりの食料供給量が多くなりましたが，今では健康志向やダイエット志向が高まっているので，カロリーが低く栄養バランスに優れた**日本食**なども注目されているなど，変化も大きいです。でも依然として，宗教などによる**食物禁忌***は残っているし，反面，先進国企業による**ファストフード****の世界進出によって，世界中どこに行っても，同じようなものを食べてるっていう傾向もありますよね。

*食物禁忌：宗教や伝統的な慣習から，ある特定の食品を食さないこと。イスラーム，ヒンドゥー教，ユダヤ教では豚肉を，ヒンドゥー教では牛肉を食べることが禁じられている。

**ファストフード（fast food）：注文してからすぐ食べられる手軽な食事のことで，国内外でチェーン展開している外食産業が経営しているものが多い。

02 工業立地の変化

工場はどのようなところに立地するのだろう？やっぱり工業生産に有利で，多くの利益を得られるところ？

1 工業の発展

　工業は，農林水産物，資源などの**一次産品を加工して製品化**し，新たな価値（付加価値）を生み出す産業です。本格的な工業化は，やっぱり18世紀後半の産業革命からです。**蒸気機関の発明・改良**によって，**大量生産・大量輸送**ができるようになりました。

　生み出された付加価値によって，さらに多くの資本が蓄積されるようになると，より高度な技術を駆使して，より高付加価値な自動車，電子機器などが生産されることで，われわれの生活もすご～く便利になっていったのです。

2 工業立地

　「**工場をどこに建設すれば，最大の利益を得ることができるか？**」っていうのが，資本家や工場の経営者にとって，いつも悩みの種でした。

　工業（工場）立地には，輸送費の節約が欠かせません。できるだけ重たいものや大きなものは運びたくない。そして，もし輸送費が同じであるならば，できるだけ労働費が安いところに工場は立地するほうが有利です。

　さらに，工業にはいろいろな種類があるので，工業の種類によっても立地のタイプが異なってきます。

〔1〕**原料産地指向型**　原料となる資源の重量が，製品の重量よりかなり大きいタイプ。鉄鋼業，セメント工業，パルプ工業などは，原料となる資源産地に立地。

〔2〕**労働力指向型**　**多くの労働力が必要**なタイプ。衣服製造業などの労働集約型工業は，労働力が豊富で賃金が安い地域や国に立地。

〔3〕**市場指向型**　どこでも**手に入る水などを原料**とするタイプ。ビール工業や清涼飲料水工業の原料の大部分が水なので，消費量が多い**大都市付近**に立地。

〔4〕**集積指向型**　**多くの部品や半製品を必要**とするタイプ。多数の部品を組み立て，完成品を生産する自動車工業では，最終組立工場に加えて，**多くの関連産業や下請け工場が集積**。

〔5〕**臨海指向型**　原料の大部分を輸入に依存するタイプ。日本の鉄鋼業や石油化学工業などは，**原料の輸入や製品の輸出に便利な臨海の港湾地区**に立地。

3 工業立地の変化と国際分業

〔1〕**発展途上国の工業化**　近年は，先進国だけでなく，NIEs*や**新興国****とよばれる**中国，インド，メキシコ，ASEAN*****などでも工業化が進んでいます。**安価で豊富な労働力**をいかし，先進国の資本や技術を取り入れながら，**労働集約型工業******を発展させています。

* NIEs（Newly Industrializing Economies）：新興国の中でも，早くから工業化を進めてきた国や地域で，輸出指向型の工業化に成功したシンガポール，韓国，台湾などをアジア NIEs という。

**新興国：新興工業国ともよばれ，1970 年代以降工業化を進めてきた国々の総称。

*** ASEAN（Association of South-East Asian Nations）：1967 年に結成された東南アジア諸国連合。シンガポールに次いで，マレーシア，タイなどの工業化が著しい。

****労働集約型工業：生産費に占める労働費の割合が高い工業で，衣服製造業，家電や自動車などの組み立て工業が代表的。これに対して，鉄鋼業や石油化学工業などは，生産費に占める設備費の割合が高いため，資本集約型工業とよばれる。

〔2〕**先進国における工業の変化**　安い製品を大量に生産することに関しては，新興国にその座を奪われた先進国ですが，オートメーション化（自動化）を進めており，**工場での労働者は減少**しています。かわって，力を入れているのが，最先端の技術を生み出す研究（Research）や新製品の開発（Development）で，**工業の知識集約化***が進んでいます。

*工業の知識集約化：科学技術の知識や創造性が工業製品に付加されること。

図1　工業のさまざまな分類

原料・製品や技術による分類	重化学工業	生産工程による分類	重工業 [素材型] [加工組立型]	鉄鋼，非鉄工業など 産業機械，電気機器，輸送機械（造船，自動車）精密機械など
			化学工業	化学（化学肥料,合成繊維など），紙・パルプなど
	軽工業			食料品，繊維，出版・印刷，紙・パルプなど
用途による分類	生産財工業			鉄鋼，非鉄金属，機械（一般機械など），化学肥料など
	消費財工業			日用消費財（食料品,衣類など）耐久消費財（家庭電器,自動車など）

03 商業立地と人々の生活

われわれは日々いろいろなモノを購入している。百貨店，スーパーマーケット，コンビニエンスストアはどんなところに立地しているのだろう？

1 商業とは何だろう？

　商業とは，モノを売って利益を得る（商取引をする）産業のことで，小売業，卸売業などの形態があります。第3次産業*のなかでは，サービス業とともに中心的な産業ですね。

〔1〕小売業　生産者（生産メーカー）や卸売業者から仕入れた商品を，最終消費者に販売する商業。国や地域の小売り販売額は，所得水準が同じならば，人口に比例する！

〔2〕卸売業　生産者から仕入れた商品を，小売業者に販売する商業。中間流通業者，問屋とよぶこともある。卸売業は，小売業より商圏**が広く，商取引の中心地で発達する。

*第3次産業:第1次産業（農林水産業），第2次産業（鉱工業，建設業）に含まれない産業。商業，サービス業，運輸業，金融・保険業，情報通信業，医療・福祉，教育，公務など。

**商圏:商業施設が集客できる地理的範囲。小売業は比較的商圏がせまいが，卸売業は企業間の取引なので，商圏が広い。

2 商業立地

　商業が発達するのは，やっぱり消費者（お客さん）が集まってくるところです。ただ，商品の種類や業態*によって，商業施設の立地は異なってきます。ずっと昔は，小売業にとって業種が大切でした。業種とは，どんな商品を取り扱っているかです。つまり，肉を買うなら肉屋さん，魚を買うなら魚屋さん，野菜を買うなら八百屋さん，シャープペンや消しゴムを買うなら文房具屋さんというやつです。でも，最近はこれらのものを購入するとき，スーパーマーケットやコンビニエンスストアなんかに行くと思いませんか？

*業態:どうやって商品を売るのかというビジネスの仕方。対面接客サービスをおこなう百貨店（デパート），専門店，セルフサービス方式のスーパーマーケット，ドラッグストア，コンビニエンスストアなど。

〔1〕商品の種類

　① 最寄り品　生鮮食料品，ティッシュペーパー，洗剤などのように，購入頻度が高く日常的に購入する商品。比較的居住地の近くに立地。

　② 買い回り品　衣類，家具，家電などのように，比較的購入頻度が低く，いくつかの店舗を比較したうえで購入する商品。公共交通機関によるアクセスに優れる大都市の中心部に立地。近年は，モータリゼーションの進展により，郊外の幹線道路沿いなどにチェーン展開の量販店などが立地。

　③ 専門品　買い回り品の一種で，高級服飾・装飾品など比較的高額な商品。

〔2〕業態の種類　バブル崩壊後は，百貨店の売り上げが減少していて，スーパーマーケットとコンビニエンスストアが増加傾向にあります。バブル景気*のときは，個

人も企業もお金に余裕がありますから，百貨店で取り扱うけっこう**値段が高い贈答品とか，高級服飾品が売れた**んですね。

＊バブル景気：1980年代後半から1991年ごろに，日本で起こった地価などの資産価格の上昇にともなう好景気のこと。

① **百貨店（デパート）**　対面販売により，比較的高額な商品を多数取り扱う。**大都市の中心部**に立地。

② **スーパーマーケット**　**セルフサービス方式**で，比較的低価格の商品を多数取り扱う。

　〈a〉総合スーパー　消費者の**衣食住に関する商品**を広く取り扱う。百貨店と並び，売り場面積が広い。

　〈b〉専門スーパー　**食料品**などある**特定の商品**を取り扱う。

③ **コンビニエンスストア**　日常生活に必要な商品を**長時間営業**で取り扱う。売り場面積は狭く，在庫スペースがほとんどないが，トラックによる**多頻度配送**により，**豊富な品揃え**をする。

3 モータリゼーションの進展やインターネットの普及と商業の変化

〔1〕**地方都市の駅前商店街の衰退**　モータリゼーションが進展し，みんなが自動車を使って買い物をしようとすると，駐車場が狭かったり，品揃えがイマイチだったりする**地方都市の駅前商店街**を敬遠するようになります。「シャッター通り」＊って聞いたことがありませんか？　かつては，地域の経済の中心であった伝統的な商店街で，店舗のシャッターが閉まったまま（廃業）ってのはさびしいですよねえ。**経営者の高齢化**っていうのも1つの原因ですけど。

＊シャッター通り：多くの商店が閉店し，シャッターを下ろした状態が目立つ衰退した商店街。

〔2〕**郊外化によるロードサイドショップや郊外大型店舗の発達**　**モータリゼーションの進展**によって，**郊外に住宅**が建ち，**幹線道路沿いにチェーン展開の大型店舗**などの**ロードサイドショップ**が多数立地するようになります。また，郊外は広い敷地を確保できるので，すごく**広い駐車場をもつ大型のショッピングセンター**などが立地します。

〔3〕**フードデザート問題**　大型のスーパーなどが出店すると，古くからの**最寄り品を販売している商店が撤退**していくことがあります。すると，居住地近くにどんどん店がなくなっていく！　自動車を運転できない高齢者や自動車を所有していない低所得者（**交通弱者**）などは，生鮮食料品などの日用品を買うのに，ものすごく苦労することになります。これが，**フードデザート（食の砂漠化）**問題です。「買い物難民」ともよばれています。

〔4〕**電子商取引と無店舗販売**　最近は，本を買うのも書店ではなく，Amazonなどの**インターネット上の店舗**で買う人が増えています。書店で実際に本を手に取り，いろいろ見比べてみるのはとっても楽しくて，思わず時間を忘れてしまいますが，万が

一，すぐに「『高校の地理総合が1冊でしっかりわかる本』（かんき出版）がほしい！」っていうとき，在庫がないと再び出直すことになります。

ところが，インターネットを利用した電子商取引による無店舗販売は，従来の有店舗販売に比べて，**商圏がとっても広く**て，しかも**在庫が豊富**なのでかなり便利！ しかも，いつでもどこからでも購入できるため，商業に占める電子商取引の割合は増加しています。

図1　インターネット店舗での買い物の流れ

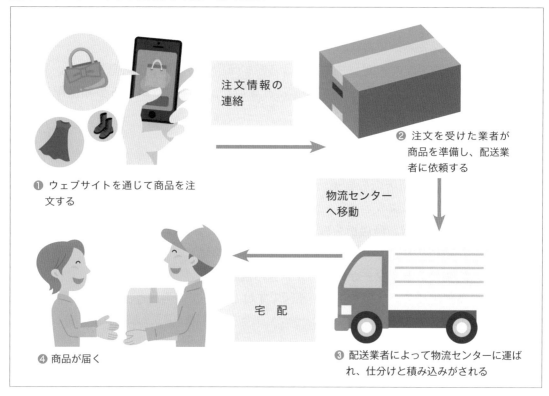

図2　書店の店舗数の変化

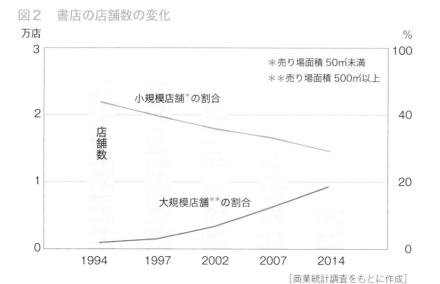

[商業統計調査をもとに作成]

04 情報産業の発達と生活文化の変化

情報産業の発達で世界が変わる？

1 情報産業の発展

インターネットをはじめとする**ICT（情報通信技術）**の発達で，世界もわれわれの生活も大きな変化を遂げています。特に**スマートフォン**などの携帯端末の普及で，時や場所を選ばず，多くの情報を手に入れることができます。過度な依存は問題でしょうが，本当に便利で，もう手放せない感じです。直接人と話すことがいちばん大切ですけど，SNS＊もコミュニケーションツールとしては，重要になってきました。

さらに，情報の獲得だけでなく，個人でも**情報の発信**をすることができるようになったのは画期的！　かつては，個人での情報発信は，著しく地理的に制約されていましたが，今なら企業や組織だけでなく，個人や小集団であっても多くの情報を発信できますよね。その反面，世界中に情報があふれ，情報拡散のスピードもものすごく速くなったので，**個人情報の流出**，**サイバー犯罪**などの問題も生じています。本当に巧妙なので，われわれも注意しなくては……。

＊ SNS（Social Networking Service）：個人間のコミュニケーションを促進・サポートするネットワークのことで，Facebook，LINE，Twitter，Instagram，TikTok などがある。

2 生活の変化と産業の情報化

ICT（情報通信技術）の発達は，われわれの情報獲得・発信を便利にしただけでなく，次々と**新しい産業**を生み出しています。Google などの**検索エンジン**，SNS，YouTube などの**動画配信サービスなどインターネット関連のサービスや製品を提供する企業が急成長**しているのです。みなさんにとっては，勉強するにしろ，遊ぶにしろ，もう身近なサービスや産業になってるかも。

〔1〕情報産業の集積地　**先端技術産業やICT（情報通信技術）産業**にとって，R&D（研究開発）は欠かせない部門です。このような企業や研究室が集まっているのが，アメリカ合衆国の**シリコンヴァレー**＊で，国内だけでなく，世界中から**優秀な人材や巨額な資本が集積**しています。近年は，新興国でも情報産業の集積地が形成されていて，中国の**シェンチェン（深圳）**＊＊，インドの**バンガロール**＊＊＊などがその代表例です。きっと聞いたことがあるんじゃないかな？

＊シリコンヴァレー：アメリカ合衆国，カリフォルニア州のサンノゼ付近に位置する先端技術産業の集積地で，半導体の主原料である「シリコン」とサンタクララ「ヴァレー」にあることから，命名された。Apple, Google, インテル，ヒューレットパッカードなど世界的に著名な企業本社が集積している。

＊＊シェンチェン：中国の華南，コワントン（広東）省に位置する経済特区で，ファーウェイなどのハイテク企業の本社が集積するため，「中国のシリコンヴァレー」とよばれる。

＊＊＊バンガロール：インド，デカン高原南部に位置するICT産業の中心地。アメリカ合衆国のソフトウェア産業などが多数進出しており，「インドのシリコンヴァレー」とよばれる。

〔2〕産業の情報化

　　最近は，ICT（情報通信技術）が**農業，工業，医療，教育**などいろいろな産業に導入されてますね。僕の学生時代には，教室でタブレットを使用するなんて考えられなかった！！！さらに，IoT^{アイオーティー}＊によって膨大^{ぼうだい}な量のデータを集めたり，AI＊＊の開発によってデータの分析や処理をできるようになりつつあるのです。もちろん，このようなサービスを受けるためには，**情報通信のインフラが整備**されてないとダメですけど。きっと今からは，もっともっと世界が変わっていくんだろうな〜。

＊IoT（Internet of Things）：「モノのインターネット」のことで，モノがインターネットに接続され，情報交換することによりお互いを制御できるしくみ。最近では，住宅にIoTを搭載した「スマートホーム」や都市にIoTを組み込んだ「スマートシティ」も話題になっている。

＊＊AI（Artificial Intelligence）：「人工知能」のことで，人の知的能力をコンピュータ上で実現するソフトウェア・コンピュータシステム。自動車などの自動運転技術などにも利用されている。

3 情報化社会とサービス業の発展

　かつては，地理的に近いことが，情報の共有・伝達には圧倒的に有利でした。でも，今は国内外を問わず，地理的に離れていたって，それができるようになってきたのです。

　すると働き方や学び方も少しずつ変わってきます。**テレワーク**＊とかオンライン授業とか……。

　仕事にしろ学校にしろ，対面でしかできないこともたくさんあるけどね。

＊テレワーク：ICTの活用により，オフィスに出勤しなくても，近隣のサテライトオフィス（会社から離れたところに設置されるオフィス）や自宅，新幹線などの車内でおこなわれる勤務形態。

図1　サービス産業の分類

生産者サービス業 （対事業所サービス業）	消費者サービス業 （対個人サービス業）	公共サービス業 （社会サービス業）
インターネット付随サービス業，ソフトウェア業，情報処理・提供サービス業，デザイン業，広告業など	飲食サービス業，宿泊業，旅行業，理容・美容業，映画館，スポーツ施設，公園，遊園地・テーマパーク，学習塾，冠婚葬祭業など	社会福祉サービス，医療サービス（病院），教育サービス（学校）など

発展学習①〜地理の学びを深める〜

さまざまな農業

農業は，自然的条件だけでなく，社会的条件の影響を強く受ける。経済発展とともに，**世界の商業的農業と企業的農業の発展は著しい。**

1 さまざまな商業的農業

ヨーロッパで生まれた商業的農業は，さまざまな形態で発展し，世界中に拡大している。

〔1〕**混合農業** かつて北西ヨーロッパでおこなわれてきた三圃式農業から発展（図1）。地力の低下を防ぐため，**小麦などの穀物，飼料作物の輪作と家畜飼育を組み合わせる。**地中海地方を除くヨーロッパ，アメリカ合衆国のコーンベルトなどで発達し，畜産物の販売に重点を置く商業的混合農業が中心。

〔2〕**酪農** **牧草や飼料作物を栽培しながら，乳牛を飼育し，乳製品を出荷**する農業。大消費地付近に立地。やや**冷涼で穀物栽培に不適な地域**やかつて**大陸氷河に覆われていたやせ地**などで発達。北海・バルト海沿岸，北アメリカの五大湖周辺に分布。

〔3〕**園芸農業** **野菜，果実，花卉を都市に向けて出荷**し，高度な技術や労働力による集約的農業。野菜，果実，花卉は傷みやすいため，当初は市場である都市近郊に立地する近郊農業の形態が多かったが，輸送技術の発達により，**大規模で，気候や土壌の特性**をいかせる輸送園芸が遠隔地でも発達している。輸送園芸では，温暖な気候をいかして出荷時期を早める促成栽培や冷涼な気候をいかして出荷時期を遅らせる抑制栽培などが可能なため，出荷がとぎれる端境期に出荷できる強みがある。

〔4〕**地中海式農業** 地中海性気候が分布する地域でおこなわれ，**夏季の高温乾燥に耐えるオリーブ，オレンジなどの樹木作物栽培**，冬季の小麦栽培に家畜飼育を組み合わせた農業。**ヨーロッパ，北アフリカの地中海地方，**アメリカ合衆国の**カリフォルニア州**，チリ中部などで発達している。

図1 ヨーロッパの農業

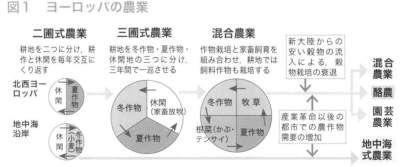

2 企業的農業の発展

大規模で輸出指向が強い企業的農業は，アメリカ合衆国，カナダ，オーストラリア，ブラジル，アルゼンチンなど新大陸を中心に発達。

〔1〕**企業的穀物農業** **大型の農業機械**の導入によって，**小麦などの穀物を大規模に栽培**する農業。経営規模が極めて大きく，**労働生産性が高い。**

〔2〕**企業的牧畜** **大牧場で肉牛や羊を飼育**する牧畜業。アメリカ合衆国などでは，大規模なフィードロット*も敷設。

＊フィードロット（feed lot）：栄養価が高いトウモロコシ，大豆などの濃厚飼料を与える自動供給装置や給水システムを装備した施設で，多数の肉牛を柵で囲まれたフィードロット内で肥育する。仔牛の段階からフィードロットで飼育する場合と，牧場で放牧した後，出荷直前に運動量を減らし肥育する場合がある。

〔3〕プランテーション農業　**熱帯や亜熱帯地域で輸出用商品作物を栽培**する農業で，**大規模農園（Plantation）**でおこなわれる。**植民地時代には，欧米資本**で経営されてきたが，独立後は**現地資本**での経営が中心である。東南アジアの島嶼部，アフリカのギニア湾岸，中南アメリカなどで発達。

図2　おもなプランテーション作物と生産国（2019年）　　＊パーム油は2018年

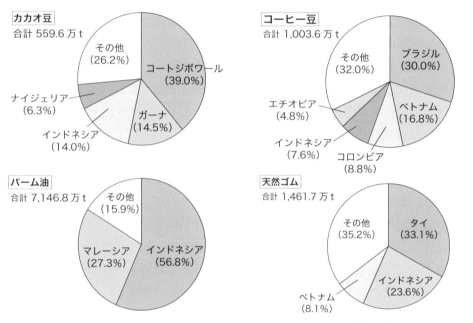

［『世界国勢図会 2021/22』より作成］

③ グローバル化する農業

輸送機関や情報通信システムの発達により，**農業のグローバル化が進む。**

〔1〕フードシステム　農業従事者が，**農業資材**（肥料，農薬，農業機械など）を使用して生産した**農産物**が，工場などで**加工**され，スーパーマーケットや外食チェーン店を通じて，一般の**消費者に届けられる**という一連の流れ。フードシステムには，アグリビジネスが大きく関わる。

〔2〕アグリビジネス　アグリビジネスは，**農業資材の供給，農産物の加工・流通・販売などの農業に関連する産業（企業）**。アメリカ合衆国の穀物メジャー＊のような大手企業は，国境を越えて活動する**多国籍企業**で，**価格影響力も大きい**ため，国内だけでなく，世界中の農家に対して，影響力をもっている。

＊穀物メジャー：穀物のグローバルな流通を支配する多国籍穀物商社。農家から穀物を買い付け，穀物エレベーター（貯蔵用の倉庫）で貯蔵し，販売する。価格など穀物流通における影響力が大きい。近年は，種子の開発・生産，化学肥料・飼料・農薬の生産，農業機械の生産などさまざまなアグリビジネスに進出している。

発展学習②〜地理の学びを深める〜

工業立地の特徴

1 工業立地のさまざまなタイプ

工場は，**輸送費や労働費（賃金）などを節約**できるところに立地する傾向があるが，工業（生産される製品）の種類によって，さまざまな立地型がみられる。

図1 工業立地のタイプ

工業立地の分類	原料・製品と立地の特徴	代表的な工業の例	代表的な地域
原料・燃料指向	原料が製品よりも重いもの ➡ 原料・燃料産地（炭田，油田などの近くに立地）	鉄鋼，石油精製，アルミ精錬，紙・パルプ，セメント・陶磁器など	・ルール（ドイツ） ・北九州 ・秩父，苫小牧
市場指向 （消費地指向）	生鮮さを求めるもの・流行に敏感なもの，水をおもな原料とするもの ➡ 市場（大都市や工業地帯など）の近くに立地	食品加工，ビール，清涼飲料水，出版・印刷，アパレル産業	・ロンドン周辺（イギリス） ・東京圏，京阪神圏 ・アメリカ合衆国東部
労働力指向①	高度な技術が求められるもの ➡ 熟練技術者が多い地域に立地	・知識集約型産業（例：情報産業） ・組立・加工に熟練を要する機械工業	・シリコンヴァレー（アメリカ） ・東京都大田区，東大阪市
労働力指向②	大量の労働力が必要なもの ➡ 低賃金労働者が多い地域に立地	労働集約的な工業 （例：衣服などの繊維産業）	・発展途上国の輸出加工区
集積指向	集積によって費用が節約できるもの（集積の利益） ➡ 同種の工業や関連工業が集まっている地域に立地	多くの部品を必要とする工場の集積や産業基盤が整備されている地域に立地する機械工業 （例：自動車，電気機械）	・東京圏，豊田を中心とする中京圏 ・デトロイト（アメリカ） ・ヴォルフスブルク（ドイツ）
交通指向	原料を輸入にたよるもの，製品を遠距離輸送するもの ➡ 交通の結節点（※）の近くに立地 ※鉄道の駅や高速道路のインターチェンジ，港湾・空港など	・輸入資源にたよる工業（鉄鋼，石油化学など） ・部品・製品を遠距離輸送する工業（集積回路など）	・ユーロポート（オランダ） ・瀬戸内海 ・シリコンアイランド（九州）

写真1　シリコンヴァレー（カリフォルニア州・アメリカ合衆国）

写真2　デトロイトの工業地帯（ミシガン州・アメリカ合衆国）

2 工業の種類

[1] **鉄鋼業**　鉄鉱石と石炭を主原料として，鉄鋼（steel）を生産する。

[2] **アルミニウム工業**　ボーキサイトを原料として，アルミニウムを精錬する。近年は，再生アルミも増加。

[3] **石油精製工業**　原油を原料として，重油，ガソリンなどの石油製品を生産する。

[4] **石油化学工業**　原油の各成分を原料として，プラスチック，合成ゴム，薬品などの石油化学製品を生産する。

[5] **セメント工業**　石灰石を原料として，セメントを生産する。

[6] **製紙・パルプ工業**　木材を原料として，木材からパルプ（**木材繊維**）を抽出。パルプを原料として，**多量の水**を使用し，紙を生産する。近年は，古紙を原料とした再生紙も増加。

[7] **ビール工業**　**大麦**などの農産物と水を原料として，ビールを生産する。清涼飲料水工業も原料の大部分が水。

[8] **出版・印刷業**　出版業は書籍，パンフレット，雑誌などの出版をおこない，印刷業は書籍，雑誌，パンフレット，チラシ，ポスターなどの印刷，金属，ガラス，プラスチックなどに印刷する特殊印刷などをおこなう。現在の**日本の産業分類では，出版は製造業（工業）に入らない。**

[9] **繊維工業**　紡績（糸を生産），織布（布を生産），縫製（衣類を生産）の工程があるが，**繊維工業＝衣服製造**と考えてよい。

　① **綿工業**　綿花（綿糸）を原料として，シャツ，Tシャツ，下着などの綿織物製品を生産。かつては，繊維工業の中心。

　② **羊毛工業**　羊毛を原料として，ジャケット，コート，セーターなどの毛織物製品を生産。

　③ **化学繊維工業**　原油を原料として，ポリエステルなどのさまざまな化学繊維を生産。天然繊維との混紡も多く，繊維製品の中では，最も生産量が多い。

[10] **機械工業**　部品を生産し，**組み立てる**ため，**高付加価値な製品**を製造。

　① **一般機械**　産業用機械，工作機械（部品などを製造）など。

　② **電気機械**　家電製品，情報通信機器，電子部品・製品など。

　③ **輸送用機械**　自動車，航空機，船舶，鉄道車両など。

　④ **精密機械**　時計，測量機器，カメラ・顕微鏡などの光学機器など。

3 企業内部のさまざまな部門 (図2)

〔1〕**本社** **情報収集**がしやすく，**高度な人材**が多数得られる地域に立地。

例 東京，大阪などの国家的中心都市。

〔2〕**研究所（研究開発拠点）** **大学や企業の研究機関が集積**し，技術者の雇用が確保できる地域に立地。

例 東京大都市圏，シリコンヴァレーなど。

〔3〕**本社工場・マザー工場** **生産技術や開発のモデル**となる中心的な工場であるため，**本社付近や大都市圏内**に立地。

〔4〕**分工場** **生産機能に特化した工場**であるため，地価が安く**広大な用地取得が容易**で，**賃金水準の低い**国や地域に立地。

図2 企業内地域間分業

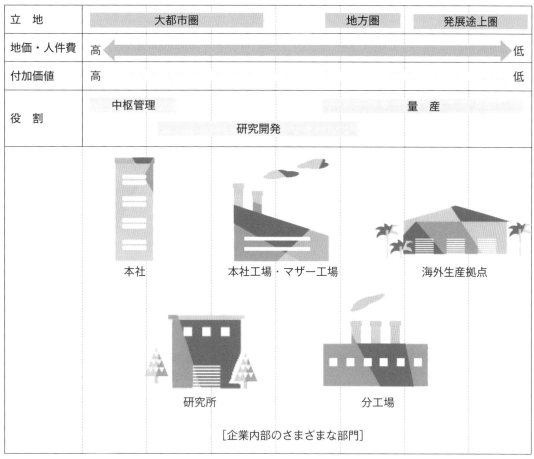

立　地	大都市圏		地方圏	発展途上圏
地価・人件費	高 ←————————————————→ 低			
付加価値	高			低
役　割	中枢管理　研究開発			量　産

[企業内部のさまざまな部門]

[末吉健治（1996）をもとに作成]

[第4節]　**生活文化と産業**

問1　次の文章中の空欄に適当な語句を入れなさい。

1　自給的農業は，農家の自家消費を目的に農産物の生産をおこなう農業で，熱帯地域でおこなわれている ① ，乾燥地域でおこなわれている遊牧や ② ，アジアの集約的稲作・畑作などがこれに当たる。

2　商業的農業のうち，乳牛飼育と飼料栽培をおこないつつ，乳製品の生産をおこなう農業を ③ ，野菜，果実，花卉などを生産する農業を ④ という。

3　宗教や伝統的な慣習から，ある特定の食品を食さないことを ⑤ という。

4　工業は，農林水産物，資源などの ⑥ を加工して ⑦ 化する産業である。

5　工業立地では， ⑧ 費と労働費の節約が重要だが，工業の種類によってさまざまなタイプがある。

6　鉄鋼業やセメント工業のように，原料となる資源の重量が，製品重量より ⑨ い場合には，工場が原料産地に立地する傾向がある。

7　発展途上国では，先進国の資本や技術を取り入れながら，安価で豊富な労働力をいかし， ⑩ 型工業を発展させている。

8　商業のうち，小売業は小売業者が消費者に商品を販売する商業で，国や地域の小売り販売額は，所得水準が同じならば ⑪ に比例する。

9　卸売業は，小売業より商圏が ⑫ く，商取引の中心地で発達する。

10　生鮮食料品や洗剤などのように購入頻度が高い商品を ⑬ ，家具や家電などのように購入頻度が低い商品を ⑭ ，高級服飾品・装飾品などのように高額で，さらに購入頻度が低い商品を専門品という。

11　 ⑮ が進展し，自動車を使った買い物が増加すると，地方都市の駅前商店街が衰退する。

12　大型小売店の出店などによる居住地付近の商店の撤退で，生鮮食料品などの購入が困難になることを ⑯ という。

13　先端技術産業やICT産業にとって， ⑰ 部門は極めて重要で，アメリカ合衆国のカリフォルニア州に位置する ⑱ には，これらの機能が集積している。

14　産業の情報化によって，「モノのインターネット」である ⑲ や「人工知能」である ⑳ の利用が進められている。

問2　次の文章のうち，適当でないものをすべて選びなさい。

1　企業的農業は，大規模機械化した農業経営をおこない，輸出指向が強い農業で，新大陸を中心に発達した。

2　先進国企業によるファストフードの世界進出で，食のグローバル化が進んでいる。

3　ビール工業は，原料の大部分を大麦などの農産物が占めるため，都市部から離れた農業地域に立地する傾向がある。

4　先進国では，工業のオートメーション化が進められているため，工場や産業用機械の管理・制御をおこなう労働者が多数必要であることから，工場労働者数が増加している。

5　小売業にとって，かつてはどのようにして商品を売るかという業態が中心であったが，近年はどのような商品を取り扱っているかという業種が重要になってきた。

6　コンビニエンスストアは，売り場面積が狭く，在庫スペースがないが，トラックによる多頻度配送により，豊富な品揃えを可能にしている。

7　モータリゼーションによる郊外化で，郊外の幹線道路沿いにチェーン展開の大型ロードサイドショップなどが立地するようになった。

8　インターネットを利用した電子商取引による無店舗販売は，商圏が広く在庫が豊富であるため，販売額が増加している。

答え　問1　① 焼畑（農業）　　② オアシス農業　　③ 酪農　　④ 園芸農業　　⑤ 食物禁忌

　　　　　⑥ 一次産品　　　⑦ 製品　　　　　⑧ 輸送　　⑨ 大き（重）　⑩ 労働集約

　　　　　⑪ 人口　　　　　⑫ 広　　　　　　⑬ 最寄り品　⑭ 買い回り品　⑮ モータリゼーション

　　　　　⑯ フードデザート（買い物難民）　　⑰ 研究開発（R&D）

　　　　　⑱ シリコンヴァレー　　⑲ IoT　　　⑳ AI

　　　問2　3（ビールの原料重量は，ほとんどを水が占めるため，大消費地付近に立地）

　　　　　　4（オートメーション化により，工場労働者が減少している）

　　　　　　5（かつては業種が中心であったが，現在は業態が中心）

第2章 地球的課題と国際協力

持続可能な社会を建設するために, 地球環境問題, 資源・エネルギー問題,食料問題などの課題を学び, その解決策を見出そう！

第1節 地球環境問題

01 地球環境問題 (1)

さまざまな地球環境問題が生じている！われわれは, これを見て見ぬふりをしててもいいのだろうか？

1 限りある地球と環境問題

『**宇宙船・地球号 (Spaceship Earth)**』って, 聞いたことありますか？ 宇宙空間に浮かぶ地球は, まるで宇宙船のように, 「**限られた空間, 限られた食料や資源を有効に利用しないと, 宇宙船の旅は続けられない**」ということを世界中の人々に警鐘している表現なのです。宇宙船・地球号が故障したり, 本格的に壊れたりしないようにするためには, 約80億人の乗組員たちが協力しつつ, **持続可能**な範囲で快適な宇宙旅行を続ける必要があります。乗組員たちは, みんなわかっているのかもしれませんが, 思わず快適さを追求するあまり, 想定外の気候変動, 海洋汚染, 酸性雨*, 大気汚染**, 土壌汚染***, 生態系****の破壊, 生物多様性*****の喪失などの**地球規模の環境問題**が生じてしまったのです。解決するためには, どうすべきかをともに考えましょう！

*酸性雨：化石燃料を燃焼した際に排出される硫黄酸化物 (SOx) と窒素酸化物 (NOx) が大気中で雨と反応し, p.H.5.6 以下の酸性雨が発生し, 森林の枯死, 湖沼や土壌の酸性化による動植物の死滅, 歴史的建造物の崩壊などの被害をもたらした。

**大気汚染：産業革命期には, 石炭性スモッグ (ロンドン型) が深刻化したが, 第二次世界大戦後は石油性スモッグ (ロサンゼルス型) による被害も頻発した。石油性スモッグは, 光化学スモッグともいわれ, 化石燃料を燃焼する際に放出される窒素酸化物などが紫外線と反応し, 有毒なオキシダントを発生させる。

***土壌汚染：土壌中に重金属, 有機溶剤, 放射性物質, 農薬などが混入することで, 動植物の健康や生育に影響を及ぼす。

****生態系：ある一定の地域に生息するすべての生物とその環境のことで, 食物連鎖, 物質循環などがおこなわれる。

*****生物多様性：動植物種 (遺伝子資源) の豊富さのこと。

2 地球温暖化

　われわれが直面している深刻な問題に，**地球温暖化**にともなう**気候変動**があります。どこに行っても地球温暖化の話題を耳にしますが，いったいなぜ温暖化が起こり，温暖化によってどんな問題が生じるのでしょうか？

〔1〕**温暖化の原因**　温暖化には**自然的要因**と**人為的要因**があるといわれています。

　① **自然的要因**　太陽の活動の変化などさまざまな理由があるようです。地球は，46億年前の誕生以来，ずっと**温暖化と寒冷化**をくり返してきました。『**古生代から中生代は気温が高かった**から，恐竜にとっては快適な気温だったんだな』，『**更新世の氷期**にはかなり気温が低くて，**大陸氷河が拡大**していたらしいよ』，『**日本では縄文時代に気温が高かった**から，関東地方の低地や谷には海水が浸入（縄文海進）していたんだ』，『**日本の江戸時代は気温が低かった**から，農作物の凶作が生じ，飢饉が何度も起こったんだね』などなど。これらは，自然的な要因です。

　② **人為的要因**　現在，問題になっているのは，**温室効果ガス** * の増加にともなう温暖化です。産業革命以降，石炭，石油などの**化石燃料**を大量に消費した結果，大気中の二酸化炭素などが増加したため，温暖化が進んでいるのです。このままではマズイ！！！

＊温室効果ガス：地球から放射された赤外線の一部を吸収することによって，温室効果をもたらす気体。水蒸気，二酸化炭素，メタン，フロン，一酸化二窒素などがあるが，近年大気中の二酸化炭素濃度が増加しているため，問題視されている。

〔2〕**気候変動による問題**　温暖化が進むと，いったいどんな問題が生じるのでしょう？「今まで，あまりにも寒くて居住したり，耕作したりできなかったところでも，それが可能になる！」とか「ロシアは，今まで使えなかった北極海航路を開通できるじゃないか！」などの意見もあると思いますが，やっぱりトータルでマイナス面が大きい！！！

　① **海面上昇** *　温暖化によって気温が上昇すると，**海水の熱膨張**が生じることに加えて，**南極などの氷河が融解**し，陸地から海に水が流れ込むことによって，海面が上昇します。

＊海面上昇：IPCC（気候変動政府間パネル）の報告（2014年）によると，21世紀中に，気温は0.3〜4.8℃上昇し，海面は0.26〜0.82m上昇する可能性が高いとされている。このため，気候変動を解決するためには，産業革命前の気温と比べて，気温の上昇を1.5℃以内に抑える必要があると唱えられている（2021年，IPCC第6次評価報告書）。

　〈a〉 **低地の水没**　日本でも，海面が上昇すると大半の砂浜が消滅します。もっと深刻なのは，**モルディブ**や**キリバス**，**ツバル**などの**サンゴ礁島**です。モルディブなんて，国土の平均標高が約1mしかない！　**オランダ**や**バングラデシュ**のように，国土の大部分が三角州からなる低地国も危険です。

　〈b〉 **海岸侵食の進行**　海面が上昇すると，波が陸地の岩石部分に直接ぶつかることで，**海岸侵食**が進みます。つまり，国土が狭くなってしまったり，沿岸の居住地で生活ができなくなってしまうんですねぇ。

② **直面するさまざまな問題**　気温上昇は，海面上昇だけでなく，予想もしなかったような問題を引き起こすのです。しかも，いっせいに……。

〈a〉**北極海の海氷の融解**　北極海の海氷が融けても，直接海面は上昇しない（アルキメデスの原理）が，海氷が融けると太陽光を反射しなくなり，**海水がまともに熱を受け止める**ため，温暖化が助長される。

〈b〉**永久凍土の融解**　**シベリア，アラスカ，カナダ**の地中に分布する**永久凍土が融解**し，**建造物の倒壊**や凍土に含まれていた温室効果ガスの**メタンが放出**されることによって，温暖化が助長される。

〈c〉**感染症の拡大**　マラリア，デング熱，日本脳炎などの蚊などを媒介とする**熱帯性の感染症**が，**温帯などの高緯度側に拡大**。

〈d〉**熱帯低気圧の勢力拡大**　より**大規模な台風**などの熱帯低気圧の発生や頻発で，**洪水，高潮**などの風水害が拡大。

〈e〉**高山地域における氷河湖の決壊**　ヒマラヤ山脈などにある**山岳氷河**が**融解**すると，融雪水が下流側の氷河湖に流入し，**氷河湖の決壊**によって，より下流側の集落などに**洪水被害**をもたらす。

図1　温暖化による各地域への影響

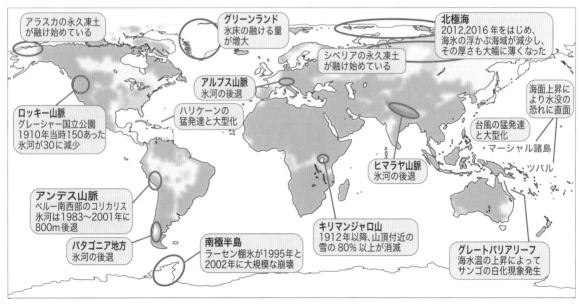

[環境省資料ほか]

〔3〕**温暖化対策**　気候変動に立ち向かうため，1992年に**気候変動枠組条約**（**リオデジャネイロ**）が締結され，本格的に温暖化対策がスタートします。さらに1997年には温暖化防止京都会議（第3回気候変動枠組条約締約国会議：**COP3**）が開催され，**先進国の温室効果ガス削減目標値が設定**（京都議定書），2015年には第21回気候変動枠組条約締約国会議（COP21）が開催され，**すべての加盟国の協力で温室効果ガスを削減**することに合意したパリ協定が結ばれたのです！　この「すべての」っていうところが画期的ですよね。化石燃料の消費から脱却し，できるだけ**再生可能エネルギーに転換**していこうという**脱炭素社会の形成**が目標なのです。

③ オゾン層破壊

　太陽からの紫外線をすべて浴びると，われわれ人間も動植物もみ〜んな死んでしまいます。地球ってすごいですよねえ，成層圏に薄く広がる**オゾン層**によって，**有害な紫外線の一部が吸収**されるので，われわれは毎日楽しく過ごせるのです。ところが，クーラーやエアコンの冷媒，スプレーの噴射剤，半導体の洗浄剤などに使われてきた**フロン**＊が，その大切なオゾンの層をぶっこわしてしまうことがわかりました！

　現在では，**モントリオール議定書**（1995年）などによって，**フロン規制**がおこなわれているため，**破壊されたオゾン層が少しずつ修復されてきている**ことが報告されています。みんなで力を合わせれば，不可能と思われてきたことが可能になるんだぁ。ちょっと，感動！

＊フロン：不燃性のガスであることから，冷媒，噴射剤，洗浄剤として重宝され，20世紀半ばに大量生産・消費された。対流圏では安定しているが，成層圏まで上昇すると紫外線と反応し，塩素原子（Cl）を放出することから，オゾン（O_3）からOを奪い取り，ClOとO_2になることによって，連鎖的にオゾン層を破壊する。1980年代に南極でオゾンホールが発見され，そのオゾン層破壊の深刻さが問題となった。

図2　オゾン量の変化

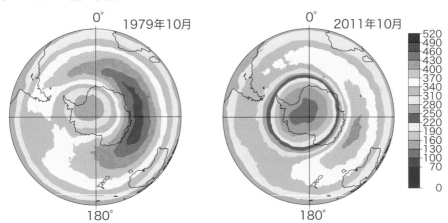

人工衛星の観測データにもとづいた画像で，中心部が南極である。写真に示された数値が低いほど，大気中のオゾン層が少ないことを表している。中心部の灰色部分に**オゾンホール**を見ることができる。オゾンの量は，季節による変動も大きい。

［米国航空宇宙局（NASA）の衛星観測データを基に作成　気象庁］

4 プラスチックごみ問題

　最近，よく話題になるプラスチックごみの問題です。プラスチックは，軽量で強いため，便利な**石油化学製品**ですね。最大の弱点は，自然界で分解されにくいこと！

　大量に捨てられたプラスチックが，海流にのって世界中の海を漂い，波の力や紫外線によって細かくなった破片や粒子（マイクロプラスチック）が海洋生物の体内で蓄積されています。最近では，プラスチックに含まれる有害な物質が，**食物連鎖による生物濃縮**で，それを食べる人間にも影響を及ぼすことが懸念されています。こわいですね……。

　じゃあ，どうしたらいいのか？　身近な**プラスチック製品の使用を削減したり，使用済みのプラスチック製品の回収・リサイクル**を進めて行かなくてはなりません！　今日からがんばろ〜！

写真1　打ち寄せられたプラスチックごみ

📍 地球温暖化のポイント！

ここまで，地球温暖化の悪影響についていろいろ学んできました。化石燃料の消費をできるだけ少なくしたほうがよいということは，み〜んなわかっているのですが，いざ実行するとなるとなかなか難しいですよね！　再生可能エネルギーは，化石燃料に比べると大量生産ができないし，まだまだコストが高い。われわれにできることは，さほど必要でないエネルギーを無駄に使わないこと！！　そして君たちのような優秀な人材が，知恵を働かせて，化石燃料に代わるエネルギーの開発・導入を実現することです！
がんばってネ♥

02 地球環境問題 (2)
森林破壊と砂漠化の原因について，真剣に考えてみよう！

1 森林の機能

　日本は，国土の 68.4%（2018 年）が森林です！　しかもそのほとんどが山地に分布しています。森林は，**用材**（工業製品の原料や建築資材）と**薪炭材**（燃料）の重要な供給源ですが，その他にも次のように大切な**多面的機能**をたくさんもっています。

〔1〕地球環境の保全　光合成を通じて**二酸化炭素を吸収し，酸素を供給**するなど気候環境を安定させます。

〔2〕生物多様性の保全　さまざまな**動植物の生息地を提供**し，**遺伝子や生物種の保全**に役立ちます。

〔3〕水源涵養　河川流量の調整による**洪水緩和**，**地下水の涵養**＊による水資源貯留や，**水質を浄化**する機能ももっています。

＊涵養：地下水を養い育てることで，地表に降った雨が，地下に浸透して帯水層に水が供給されること。

〔4〕土砂災害防止　**土壌侵食の防止**や**斜面・地盤崩壊の防止**の機能があります。特に，**日本は山がちな国土**なので，とっても重要！

〔5〕レクリエーション　行楽，スポーツなど**余暇活動の場**を提供します。

2 熱帯林の破壊

　森林を形成する気候は，A（熱帯），C（温帯），D（亜寒帯・冷帯）です。なかでも**森林の約 50% を占める熱帯林の破壊・減少**はとっても深刻になっています（図 1 →p106）。

　どうして，熱帯林の破壊が深刻なのでしょう？　熱帯林が分布している地域は，大部分が**発展途上地域**で，**人口が増加**しています。すると，どうしても**食料と燃料**が必要になる！そこで，**焼畑面積の拡大**や**薪炭材の過伐採**がおこなわれてしまい，再生が間に合わなくなってしまいます。それ以外にも，以下の原因があります。

〔1〕プランテーションの拡大　東南アジアのカリマンタン島などでは，**油ヤシプランテーションの拡大**が問題視。

〔2〕過度の商業用伐採　かつては**東南アジア（フィリピン，インドネシア，マレーシアなど）**で深刻化。現在は，**原木の輸出規制**＊を実施。

＊原木の輸出規制：森林保護と国内産業の育成を目指し，原木（丸太のままの加工していない木材）の輸出を規制し，木材加工品の輸出を奨励。

〔3〕ダム，鉄道，鉱山，道路建設による開発伐採　**南アメリカ，アフリカの熱帯地域。**

〔4〕放牧地の拡大　ブラジルのセルバ*，セラード**などで，**肉牛の放牧地が拡大。**

*セルバ：アマゾン川流域の熱帯雨林。selva は，ポルトガル語，スペイン語で森林・密林の意。

**セラード：ブラジル高原に広がるサバナ（疎林と長草草原）で，カンポ・セラードともよばれる。

図1　森林の減少がみられた地域

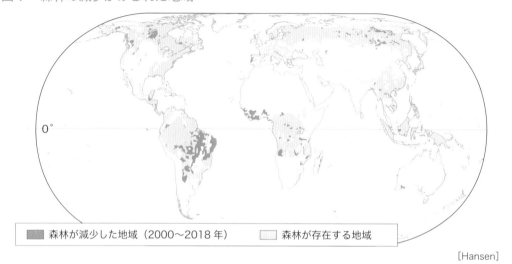

森林が減少した地域（2000〜2018 年）　　森林が存在する地域

[Hansen]

3 進行する砂漠化とその対策

　気候変動などの自然的要因と人為的要因で**植生が失われ，作物栽培に不適な不毛地になってしまう現象**を砂漠化とよんでいます。特に，BS（ステップ気候）などの半乾燥地域は砂漠化が進行しやすいですね（図2）。

　砂漠化が進行している地域で，最も知られているのはサハラ砂漠の南縁地域である**サヘル***でしょう。ギニア湾から吹き込む南西モンスーンや赤道低圧帯の北上で，夏季に降水がみられるのですが，**1960 年代後半から 1980 年代にかけて干ばつ**（大規模な水不足）が続きました。ただでさえ，人口増加によって多くの羊や山羊を飼育していたのに，水やえさの不足によって，家畜は少ない草を根こそぎ食べ尽くし（翌年に生えてこない！），砂漠化が進んでしまったのです。

　　*サヘル：アフリカ・サハラ南縁に広がる半乾燥地域。セネガル，モーリタニア，マリ，ニジェール，チャド，スーダン，南スーダン付近を指す。砂漠化が極めて深刻で，アフリカでも最貧国が多く位置する。

〔1〕砂漠化の人為的要因　**家畜の過放牧，薪の過伐採，過耕作による塩害（土壌の塩類化）*や土壌侵食**などがおもな原因です（図3）。砂漠化は，サヘルなどの発展途上地域だけで起こるものではなく，アメリカ合衆国のグレートプレーンズ**やオーストラリアのマリー・ダーリング盆地***などの半乾燥地域でも深刻です（図2）。

*塩害（土壌の塩類化）：乾燥・半乾燥地域で過剰な灌漑をおこなうと，水に溶けやすい塩類が土壌中の水分とともに毛細管現象によって上昇し，塩類が地表近くに集積する現象で，作物栽培が困難になる。

**グレートプレーンズ：アメリカ合衆国・ロッキー山脈東麓に広がる台地状の平野。BS（ステップ気候）が分布しており，肉牛の放牧や飼料栽培がおこなわれている。飼料栽培には，地下水を利用したセンターピボット灌漑（くみ上げた地下水に農薬，肥料などを添加し，自走式の散水機で水をまく大規模な灌漑法で，円形の農場が形成）が発達している。

＊＊＊マリー・ダーリング盆地：オーストラリア南東部，マリー川とダーリング川流域の平野。BS（ステップ気候）が分布しており，河川水を利用した灌漑によって同国最大の小麦栽培地を形成。

〔2〕**砂漠化への取り組み**　砂漠化を防止するための国際的な取り組みもおこなわれています。1996年には**砂漠化対処条約**が発効され，国連や**NGO**（非政府組織）の主導・協力で**植林活動**なども盛んにおこなわれているのです。

図2　砂漠化の影響を受けやすい乾燥地域

■ 非常に乾燥する地域	■ 乾燥地域	□ 半乾燥地域	■ 乾燥亜湿潤地域

[Millennium Ecosystem Assessment]

図3　砂漠化を引き起こす人為的な要因

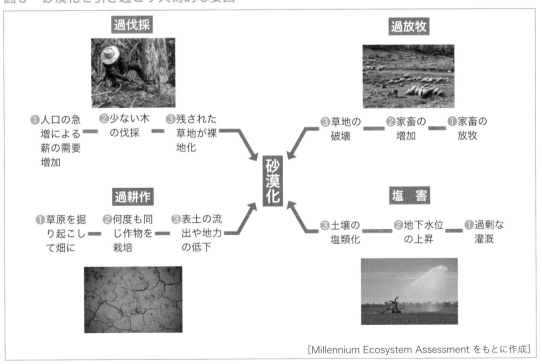

[Millennium Ecosystem Assessment をもとに作成]

03 水資源と生物多様性

人類は,「治水と利水(水を治め,水を利用)」という大きなテーマに取り組んできた。水が,いかに大切な資源なのかということを忘れないようにしたい！

1 世界の水資源

宇宙から見ると,「地球は青い！」。それは,**地球の70%が海に覆われている**からです。だから,地球は「**水の惑星**」とよばれます。そんな地球でも,人はいつでもどこでも好きなだけ水が使えるわけではありません。

〔1〕**海水と陸水** 地球上の水の**97.47%が海水**で,残りの**2.53%が陸地にある淡水**です。しかも淡水のうち,約**70%が氷床・氷河**,約**30%が地下水**。ということは,**河川水**,**湖沼水**などの地表水は,わずかに**淡水の1%未満!!!** しかも,熱帯や温帯などの湿潤気候地域と砂漠気候などの乾燥気候地域では,大きな不均衡が……。さらに,湿潤地域であっても,**経済発展が遅れた途上国**では,たとえ水が得られたとしても,それが安全な水だとは限らないのです。

〔2〕**水の循環** 地球上にあるわずかな淡水は,ものすごいスピードで循環しています。海で蒸発した水は,**水蒸気**となって大気中を移動し,**雨や雪**となって地上に到達します。雨・雪は**河川水や地下水**となって,山地などを侵食しつつ,再び**海**に戻っていくのです。

図1 地球上の水の構成

＊南極大陸の地下水は含まれていない

海水等 97.47%
淡水 2.53%
氷河等 1.76%
地下水 0.76%
河川・湖沼等 0.01%

[World Water Resources at the Beginning of the 21st Century:UNESCO, 2003をもとに作成]

図2 水の循環

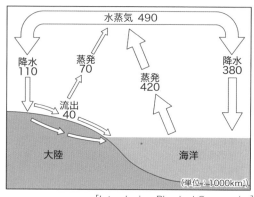

水蒸気 490
降水 110
蒸発 70
蒸発 420
降水 380
流出 40
大陸
海洋
(単位：1,000km³)

[Introducing Physical Geography]

〔3〕**水資源問題** **地球上の水は,均一に分布していない**ため,水資源をめぐる問題が,国内でも国際的にも,先進国でも発展途上国でも生じています。経済的に極めて豊かなアメリカ合衆国も国内の水資源問題を抱えています。アメリカ合衆国のグレートプレーンズには,おもにBS（ステップ気候）が広がっています。降水量が少ないため,オガララ帯水層という世界最大規模の地下水に,**牧畜や飼料栽培が依存**して

いるのですが，近年は**過剰な取水**によって，**地下水の枯渇**が危惧されています。

さらに**国家間での水資源問題**も深刻です。古くから**ナイル川の水資源に依存してきたエジプト**ですが，近年上流の**エチオピア**に**アフリカ最大級のダム**が建設されています。エジプトにとっては，水資源の大部分をナイル川の水に頼ってきたので，エジプトにおける水量が減少するのではという心配があります。かといって，上流のエチオピアにもナイル川の水資源を利用する権利はあるし…。お互いができるだけ納得できる話し合いが必要となります。

〔4〕**仮想水**（ヴァーチャルウォーター：virtual water）　水資源問題は，**農産物の輸出入**にも関係しています。仮想水って聞いたことがありますか？　仮想水は，**輸入する農産物を，もし輸入国で生産するとしたら，どれくらいの水を消費しているだろうという考え方**です。日本がアメリカ合衆国から牛肉を1kg輸入したとすると，本来**肉牛を飼育した場合に必要とされる牛の飲み水，牛の飼料栽培などで使用された農業用水を使わずにすませた，つまり水も輸入したことになる**じゃないかということなのです（図3）。農産物の輸入国は，輸入元の国に対して，水資源をたくさん使わせているんだという配慮が必要になります。

図3　おもな食品のヴァーチャルウォーター量

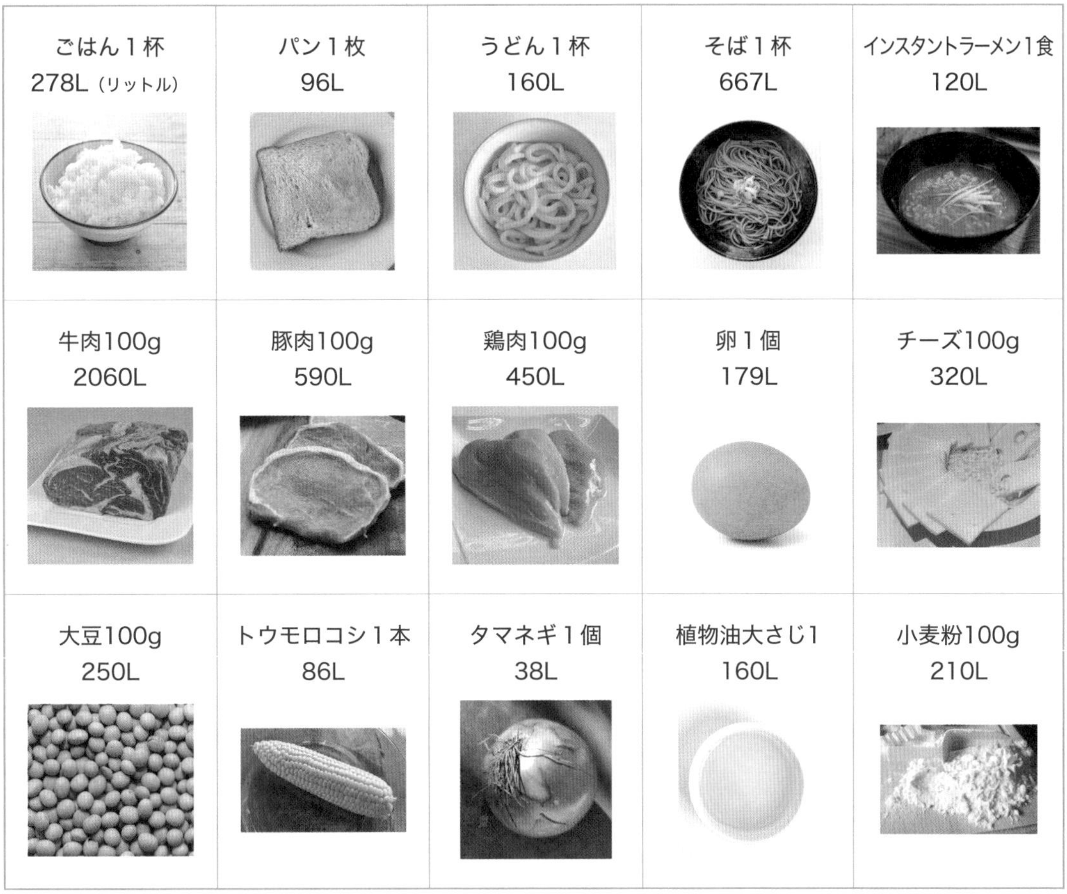

ごはん1杯 278L（リットル）	パン1枚 96L	うどん1杯 160L	そば1杯 667L	インスタントラーメン1食 120L
牛肉100g 2060L	豚肉100g 590L	鶏肉100g 450L	卵1個 179L	チーズ100g 320L
大豆100g 250L	トウモロコシ1本 86L	タマネギ1個 38L	植物油大さじ1 160L	小麦粉100g 210L

[環境省資料をもとに作成]

2 生態系の劣化と生物多様性の喪失

〔1〕**生態系**　**ある一定の地域に生息するすべての生物とそれらを取り巻く環境を，１つのまとまりとしてとらえたものを生態系（エコシステム）といいます。**生態系は，見事なバランスを保っていますが，人間が自然に手を加えることで，このバランスが崩れてしまうことがあります。そして，予期していないことが起こります。

みなさんは，**マングローブ*** とよばれる森林を見たり，聞いたりしたことがあると思います。マングローブは，**熱帯や亜熱帯の河口付近に分布**するのですが，浅い泥の海底に根を張るため，**生物の貴重な生息地**となり，**海岸侵食や津波が生じた場合の自然の防波堤の役割**を果たしています。ただ，河口付近にマングローブが生えてると，船舶航行や漁業・養殖業の妨げになりますよね。ところが，これをむやみに伐採してしまうと，生態系に影響を与えるだけでなく，津波や高潮などの自然災害が生じた場合，想定外の大きな打撃を人間に与えてしまうのです。

写真1　マングローブ林

*マングローブ：熱帯や亜熱帯の淡水と海水が混ざり合う地域に生息している森林の総称で，河川の河口付近に繁茂する。耐塩性が高く，根は地表にまで顔を出すほど発達しているものが多い。成長力は旺盛で，近年は植林活動も盛んにおこなわれている。

〔2〕**生物多様性**　**動植物種（遺伝子資源）の豊富さが生物多様性です。**

自然環境が厳しいところでは，生物多様性が乏しくなり，熱帯雨林のような環境では生物多様性がとっても豊かになります。

近年，生物多様性が急速に失われ，絶滅危惧種がすごい数出現しています。その背景にあるのが，**気候変動，熱帯林の開発や湿地の埋め立てなどによる生息地の消失，動植物の乱獲**などです。生物多様性の喪失をなんとか防ごうということで，1993年に**生物多様性条約***が発効されました。

*生物多様性条約：個別の野生生物種や特定地域の生態系に限らず，地球規模の広がりで生物多様性の保全を目指す国際条約で，1992年の環境と開発に関する国連会議（地球サミット）で調印され，1993年に発効した。

第2章 地球的課題と国際協力 チェックテスト

[第1節] 地球環境問題

問1 次の文章中の空欄に適当な語句を入れなさい。

1 宇宙空間に浮かぶ地球は，［ ① ］にたとえられ，限られた空間，限りある食料や資源の有効利用が叫ばれている。

2 地球温暖化の人為的要因としては，化石燃料の消費による［ ② ］などの［ ③ ］ガスの増加が問題となっている。

3 温暖化の進行によって，海水の［ ④ ］や南極などの［ ⑤ ］の融解などによる海面上昇が危惧されている。

4 温暖化による気温上昇は，シベリア，アラスカ，カナダなどの地中に分布する［ ⑥ ］の融解を引き起こし，［ ⑦ ］の大量放出も問題化している。

5 成層圏に広がるオゾン層によって，太陽から放出される［ ⑧ ］の一部が吸収されてきたが，スプレーの噴射剤，クーラーの冷媒などに利用されていた［ ⑨ ］がオゾン層を破壊することが認められたため，現在は規制がおこなわれている。

6 熱帯林破壊の原因には，発展途上国の人口増加にともなう［ ⑩ ］面積の拡大や［ ⑪ ］の過伐採などがあげられる。

7 サハラ砂漠の南縁地域である［ ⑫ ］では，砂漠化の進行が深刻である。

8 アメリカ合衆国の［ ⑬ ］では，オガララ帯水層からの地下水利用が進んだため，近年は地下水の枯渇が危惧されている。

9 農産物の輸入国は，単に農産物を輸入しているだけではなく，農産物輸出国がその農産物を生産するのに消費した水も輸入しているのではないかという考え方を［ ⑭ ］という。

10 熱帯や亜熱帯の河口付近に分布する［ ⑮ ］林は，生物の貴重な生息地であり，自然の防波堤の役割を果たしている。

問2 次の文章のうち，適当でないものをすべて選びなさい。

1 酸性雨は，石炭や石油を燃焼した際に排出される硫黄酸化物（SOx）や窒素酸化物（NOx）が大気中で雨と反応して発生する。

2 温暖化による海面上昇では，低地の水没が危惧されるが，国土の大半を高原や台地が占めるエチオピアやバングラデシュは海面上昇による被害が少ない。

3 2015年に開催された第21回気候変動枠組条約締約国会議では，全加盟国の協力で温室効果ガスを削減することに合意するパリ協定が締結された。

4 森林は，用材や薪炭材などの森林資源を供給するだけでなく，二酸化炭素を吸収し酸素を供給する役割を担っている。

5 陸地にある淡水のうち，約70%が地下水，約29%が地表水である。

6 湿潤地域では，先進国であっても，発展途上国であっても安全な水を十分に獲得できる。

7 海洋で蒸発した水は，水蒸気となって大気中を移動し，雨や雪となって陸上に到達するが，さらに雨や雪は河川水や地下水となって海洋に注ぐ。

8 動植物の豊富さを生物多様性というが，生物多様性の喪失を食い止めるには，熱帯林の開発や湿地の埋め立てが急務である。

答え　問1　① 宇宙船　　　　　② 二酸化炭素（CO$_2$）　　　③ 温室効果　　　　④（熱）膨張

　　　　　⑤ 氷河　　　　　　⑥ 永久凍土　　　　　　　⑦ メタン（CH$_4$）　　⑧ 紫外線

　　　　　⑨ フロン　　　　　⑩ 焼畑　　　　　　　　　⑪ 薪炭　　　　　　⑫ サヘル

　　　　　⑬ グレートプレーンズ　　　　　　　　⑭ 仮想水（ヴァーチャルウォーター）

　　　　　⑮ マングローブ

　　　問2　2　（バングラデシュは，国土の大部分がガンジス川の三角州なので，海面上昇した際の被害は大）

　　　　　　5　（淡水の約70%は氷床・氷河，約30%が地下水で，地表水はほんのわずか）

　　　　　　6　（経済発展が遅れている発展途上国では，安全な水を獲得できない人口もかなり多い）

　　　　　　8　（生物多様性の喪失の原因が，熱帯林の開発や湿地の埋め立て）

01 資源とエネルギーの偏在性と国家間の対立

モノをつくるにしろ，モノを使うにしろ，どこかに移動するにしろ，資源やエネルギーは必要だ。でも，持てる国と持たざる国がある！

第2編 国際理解と国際協力

1 資源・エネルギーの生産

鉄鉱石，銅鉱，レアメタルなどの金属資源や石炭，石油，天然ガスなどの化石燃料は，われわれの生活に欠かせないモノです。でも，埋蔵量には限りがあるし，地球上に偏って分布しています。資源・エネルギーに恵まれている国は，経済的，政治的に有利ですが，日本のように資源に乏しい国は，これらの資源・エネルギーを安定的に供給できるような努力が必要になります。

図1 おもな資源の可採年数（2020年）

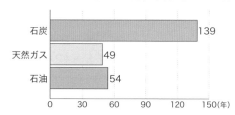

[BP Statistical Review of World Energy, ほか]

図2 エネルギー資源の主要生産・埋蔵国

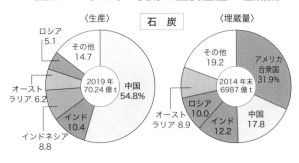

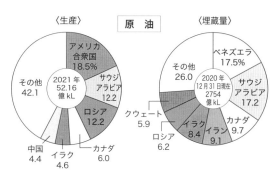

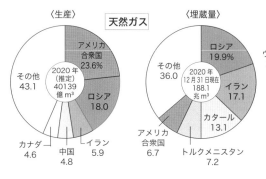

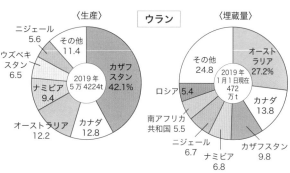

[『世界国勢図会2022/23』]

2 資源・エネルギーの消費

一次エネルギーの消費量は，いったいどんな国で多いと思いますか？ やっぱり，**産業が発達**していて，**生活水準が高い**国ではたくさんのエネルギーを使いますよね。産業が高度に発達し，生活水準が高い国，つまり**先進国**では，**エネルギーを多く消費する！**

では，デンマークだったらどうでしょう？ デンマークは，北欧のしかもバリバリの先進国です。でも，人口がたったの 580 万人しかいない…。**人口規模が小さいと，経済規模も小さくなってしまうため，エネルギー消費量はあんまり大きくはなりません。**すると，エネルギー消費量が多い国は，**先進国で人口規模が大きい国**と，**発展途上国でも極めて人口規模が大きい国**だということになります。だから，エネルギー消費量上位国（2021 年）は，中国，アメリカ合衆国，インド，ロシア，日本になるんですね。

＊一次エネルギー：自然界から取り出したエネルギーを，（ほとんど）加工しない状態で供給するエネルギー。石炭，石油，天然ガス，水力，原子力，風力，太陽光，地熱など。

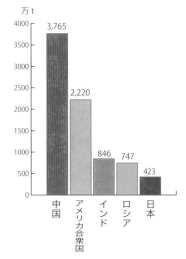

図3　一次エネルギーの消費量上位国（2021年）

[BPの統計資料をもとに作成]

3 資源をめぐる国家間の対立

真っ先に話題にあがるのは，石油とレアメタルです。

〔1〕**石　油**　第二次世界大戦前後まで，アメリカ合衆国などの多国籍企業である**オイルメジャー（国際石油資本）**が石油産業を独占的に支配してきました。でもアラブ産油国を中心に，**資源ナショナリズム**がしだいに高まります。**1960年**には**OPEC（石油輸出国機構）**が設立され，1970年代にはOPEC主導で**原油価格の大幅値上げ**が実行されました。これを**石油危機**とよんでいます。

石油危機によって，**産油国は巨額のオイルマネー（石油収入）を獲得**しますが，日本などの**消費国側は原油価格の高騰によって，物価は上昇するし，景気は低迷するし大打撃！省エネ，代替エネルギー**の開発・導入，**OPEC以外の産油国での油田開発，石油備蓄**などによって対抗しました。

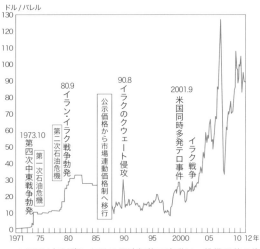

図4　原油価格の推移

＊2004年以降における原油価格の変動は，投機目的の資金が原油市場に流れ込んだことによる。また 2008 年 7 月に原油価格が急騰すると，世界経済の減速とともに価格が急落した。

[総合エネルギー統計平成 23 年ほか]

2000年代からは，中国，インドなどの**新興国での需要増大**によって，**再び原油価格は高騰！！！** このため，資源獲得競争は激化しています。

近年の変化といえば，忘れてはならないのが『**シェール革命**』！！！ 採掘技術の進歩によって，従来は不可能だった地中深くに眠る頁岩（シェール）から，シェールオイル，シェールガスを取り出すことができるようになったのです。特に，積極的なのが原油や天然ガスを含んだ頁岩が広く分布している**アメリカ合衆国**です。その影響で，**原油と天然ガスの生産量の世界1位は，アメリカ合衆国！**

＊資源ナショナリズム：自国のために，資源を役立てようという考え方。

＊＊OPEC（Organization of the Petroleum Exporting Countries：石油輸出国機構）：オイルメジャーなどから産油国の利益を守ることを目的に設立された資源カルテル。設立当初は，イラン，イラク，クウェート，サウジアラビア，ベネズエラが加盟国だったが，現在はUAE（アラブ首長国連邦），リビア，アルジェリア，ナイジェリア，アンゴラ，ガボン，赤道ギニア，コンゴ共和国を加えた13か国。

＊＊＊石油危機（オイルショック）：1973年，1979年に発生した原油価格高騰にともなう経済混乱。

＊＊＊＊代替エネルギー（alternative energy）：石油などの化石燃料に代わるエネルギーで，原子力，再生可能エネルギーなどがこれに当たる。

[2] レアメタル **埋蔵量が少なかったり，抽出するのが難しい金属**をレアメタルといいます。名前の通り希少な金属です。先端技術産業には欠かせない金属であること，**分布にものすごく偏りがある**ことから，外交的な駆け引きなんかにも利用されることがあります。

図5　おもなレアメタルと用途

レアメタル	用途例
ニッケル	ステンレス，電池
クロム	耐熱合金，磁石，電池
タングステン	超硬工具，特殊鋼
モリブデン	特殊鋼，触媒
コバルト	耐熱合金，磁石，電池
マンガン	普通鋼，特殊鋼，電池
バナジウム	特殊鋼，触媒
インジウム	液晶パネル，太陽電池
リチウム	軽量合金，リチウム電池
チタン	軽量合金，建材

図6　おもなレアメタルの生産国

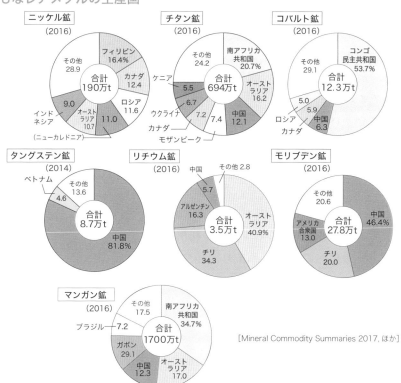

[Mineral Commodity Summaries 2017, ほか]

02 化石燃料と再生可能エネルギー

再生可能エネルギーは，枯渇しないし，地球環境への負荷が小さい。わかっているのに，どうして転換がなかなか進まないんだろう？

1 エネルギー資源の種類

エネルギー資源には，いろいろな種類がありますが，ここでは化石燃料*と再生可能エネルギーを比べながら学んでみましょう。

〔1〕化石燃料　大昔の動植物の遺骸が，長い時間の中で，圧力や熱により変化して生成されたエネルギーです。石炭はシダ類なんかの陸生植物，石油は海洋性プランクトンなどが地層に堆積してできました。埋蔵量が限られた枯渇性エネルギーだということ，燃焼させると**二酸化炭素や大気汚染物質を排出**するということが問題になっています。

＊化石燃料：地質時代にかけて堆積した動植物の死骸が地中に堆積し，地圧，地熱などにより変成してできた石炭，石油，天然ガスなどの燃料。

〔2〕再生可能エネルギー　自然の力で補充できるエネルギーで，消費以上の速度で補充されるため，このようによばれています。水力，風力，太陽光，地熱，潮力，バイオマスなどさまざまな種類があります。非枯渇性エネルギーで，**地球環境への負荷が小さいクリーンエネルギー**です！

2 エネルギー消費の変化

人間が消費するエネルギーは，時代とともに変化してきました。古代からず～っと長い間，薪炭，水力（水車），風力（風車）などの再生可能エネルギーに頼ってきたのですが…。

〔1〕産業革命　18世紀の後半にイギリスで産業革命が始まりました。ほぼ同時に**動力革命**が起こり，**蒸気機関の発明・改良**によって，ついに石炭がエネルギー消費の主役になったのです。

〔2〕エネルギー革命　1960年代になると，それまでエネルギー消費の主役であった**石炭から石油へと移行する**エネルギー革命が進行します。石油は，石炭に比べ**熱効率が高く**，自動車の燃料をはじめ，**用途がとっても広かった**。そして，第二次世界大戦後に大規模な油田が次々と開発され，**原油価格が低下**したことなどがおもな要因です。

〔3〕石油危機後　ところが，1970年代に石油危機が起こると，先進国などの消費国では，**省エネ技術の開発と代替エネルギーの利用**が広がっていきました。さらに，1990年代になると温暖化への関心が高まり，再生可能エネルギーが注目を集めるようになったのです。

3 エネルギー消費の地域性

　どんなエネルギーに依存しているのかというのは，**資源の有無や政策の違い**によって，国ごとでかなり異なっています。ただ，日本のような**先進国の多くは，化石燃料に頼っている**のが現状です（図1）。

図1　主要国の一次エネルギー供給構成（2019年）

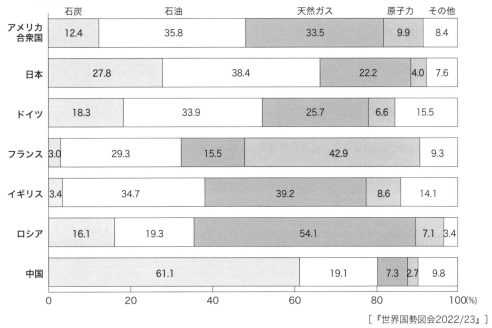

	石炭	石油	天然ガス	原子力	その他
アメリカ合衆国	12.4	35.8	33.5	9.9	8.4
日本	27.8	38.4	22.2	4.0	7.6
ドイツ	18.3	33.9	25.7	6.6	15.5
フランス	3.0	29.3	15.5	42.9	9.3
イギリス	3.4	34.7	39.2	8.6	14.1
ロシア	16.1	19.3	54.1	7.1	3.4
中国	61.1	19.1	7.3	2.7	9.8

［『世界国勢図会2022/23』］

4 再生可能エネルギーの期待と課題

　再生可能エネルギーは，**非枯渇性で，環境負荷が小さい！**　でも，なかなか導入が進まないのはなぜでしょう？　それは，現在の人間の力では，**大量生産と低コストが実現できていない**からです。この2つの課題が克服できるかどうかは，みなさんのような前途有望な若者にかかっています！　最後に，再生可能エネルギーの代表的な発電を学んでおきましょう。

〔1〕風力発電　風の力を利用して風車を回し，その回転運動によって発電機を動かす発電形式です。一定の風速があれば，**昼夜を問わず発電できる**メリットがありますが，電力を一定に保つのが難しく，**無風と強風に弱い**です。また，多数の巨大な風車を建設するための，広大な用地も必要となります。**国土面積が広い中国，アメリカ合衆国，インド**や，<ruby>偏西風<rt>へんせいふう</rt></ruby>を有効に利用できる**ドイツ，スペイン，イギリス，デンマーク**などで普及しています。

〔2〕地熱発電　地下のマグマ付近にある**高温の蒸気や熱水を利用**してタービンを回し，発電する形式です。<ruby>変動帯<rt>へんどうたい</rt></ruby>に位置する**アメリカ合衆国（西部），インドネシア，フィリピン，イタリア，アイスランド，ニュージーランド，日本**などの火山地域で実用化されています。

〔3〕**太陽光発電**　太陽光を，太陽電池を用いて直接電力に変換する形式です。**規模の大小にかかわらず発電効率が一定**で，**建築物の屋根や壁を利用**できるため，専用の用地を必要としないのがいいですね（メガソーラーは専用の敷地が必要）。だから日本では発電量が多いのかな？　**夜間は発電できない**というのが弱点です。

〔4〕**バイオマス発電**　カーボンニュートラル*により普及した発電です。**間伐材**（森林の健康をまもるため，間引きされた木），**廃材，燃えるごみ，廃棄される農産物**などを燃焼させ，その熱を使って発電機を回す発電形式です。

*カーボンニュートラル（carbon neutral）：植物起源の燃料は，その植物が成長過程で二酸化炭素を吸収しているため，燃焼させて二酸化炭素を排出したとしても，＋－（プラス・マイナス）ゼロと見なすという考え方。この考え方にもとづき，トウモロコシやサトウキビを原料とするバイオエタノールなどの生産・消費が進んだ。

図2　日本とおもなEU諸国の発電量に占める再生可能エネルギーの比率

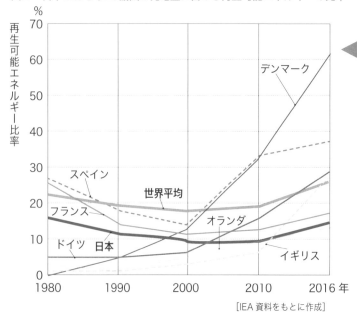

[IEA資料をもとに作成]

分析のポイント！

どの国も再生可能エネルギーの比率を高める努力をしていることがひと目で読みとれますネ！　特にデンマークの伸びがスゴイ！！いったいどんなエネルギーを利用しているんでしょう？　デンマークはなんと総発電量の84.3％が再生可能エネルギーなんです。その内訳は，風力56.8％，バイオ燃料23.3％。太陽光4.1％。水力0.1％（2020年）です。人口が少ないので消費電力も少ないからなせる技かもしれませんが，それにしても立派です。

写真1　風力発電（アメリカ合衆国）

写真2　地熱発電（アイスランド）

日本の資源・エネルギー問題

日本は，**世界有数の資源消費国**である。特に**エネルギー資源における輸入依存度が高く**，安定的な確保が課題。

1 資源の輸入大国・日本

日本にも各種の資源は存在するが，埋蔵量（まいぞうりょう）は極めて少なく，石炭，石油，天然ガスなどのエネルギー資源，鉄鉱石，銅鉱，レアメタルなどの**ほとんどすべてを輸入に依存**している（図1）。国内鉱山で操業しており，唯一自給できるのは石灰石（せっかいせき）のみ。

〔1〕**石炭**　自給率0.4%　**オーストラリアからの輸入量が50%以上**で，インドネシア，ロシアが次ぐ。

〔2〕**石油**　自給率0.3%　サウジアラビア，アラブ首長国連邦の2か国で輸入量の70%以上，クウェート，カタールが次ぐ。**中東依存度が91.9%**と極めて高い（2021年）。

〔3〕**天然ガス**　自給率2.2%　LNG（液化天然ガス）として輸入。**オーストラリア39.1%，マレーシア，カタール**などから輸入。

〔4〕**鉄鉱石**　自給率0.0%　**オーストラリア57.9%，ブラジル26.9%**の2か国で輸入量の80%以上。

〔5〕**レアメタル**　国内では，地下資源としてのレアメタルは，ほとんど存在しないため，**ほとんどのレアメタルを輸入に依存**。使用済みの電気・電子機器，情報通信機器などに含まれる地上資源としてのレアメタルに注目し，**再資源化**を図る（「**都市鉱山**」）。

図1　日本の資源輸入相手国と自給率 (2020年)

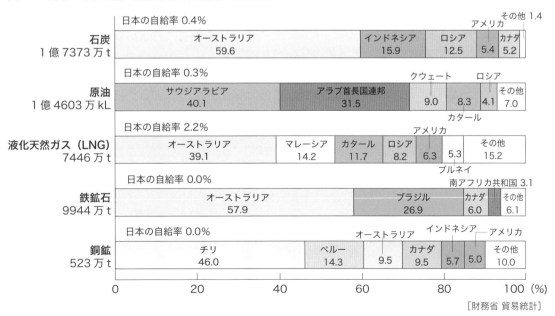

[財務省 貿易統計]

②日本の電力供給の変化

時代とともに，発電の中心が水力→石油火力→石炭・LNG火力へ。近年は，再生可能エネルギーによる発電が徐々に増加（図２→p118）。

〔1〕**1950年代**　第二次世界大戦後は，多数の**多目的ダム**＊が建設され，水力発電が中心。

＊多目的ダム：洪水調節だけでなく，上水道用水，灌漑用水，工業用水の確保，水力発電など複数の機能を有するダム。

〔2〕**1960年代**　高度経済成長期には，電力需要の急増に対応するため，**多数の火力発電所が建設**され，発電の中心は火力発電に移行。火力＞水力。

〔3〕**1970年代**　石油危機後は，石油火力から石炭・LNG火力へ。原子力発電も本格化。

〔4〕**1980年代～2010年**　火力＞原子力＞水力が定着し，原子力発電の割合も約30％に上昇。

〔5〕**2011年以降**　**東日本大震災による福島第一原子力発電所の事故を契機**に，安全基準などの見直しがおこなわれ，ほとんどの原子力発電所を停止。**原子力発電の再稼働への検討**や**再生可能エネルギーの導入**もおこなわれているが，**火力発電の割合が総発電量の約80％を占める。**

③ 再生可能エネルギーの利用とエネルギー自給率の向上

〔1〕**再生可能エネルギー**　**温室効果ガス削減**と**エネルギー自給率向上**を進めるため，徐々に導入が拡大している。既存の水力（8.6％）を除くと，太陽光＊（7.8％）＞バイオ燃料（4.5％）＞風力（0.9％）＞地熱＊＊（0.3％）の順（2020年）。

＊太陽光：太陽光発電は，既存の建築物の屋根などに太陽光パネルを設置できることもあって，広い用地取得が困難な日本では，積極的に設置が進められている。

＊＊地熱：地熱資源は，アメリカ合衆国，インドネシアと並んで世界有数だが，地熱発電所の立地に有利な火山地域は，国立公園や国定公園に指定されているため，建設に対する規制があること，温泉の枯渇が危惧されることなどを背景として，地熱発電の利用が遅れている。

図２　発電方式のメリットとデメリット

発電方式	メリット	デメリット
火力発電	・安定した電力を供給できる	・二酸化炭素を排出する ・化石燃料を輸入に依存
水力発電	・再生可能エネルギー ・小規模水力発電の可能性	・ダム建設にコストがかかり，周辺の生態系を壊す可能性 ・渇水時に発電ができない
原子力発電	・変換効率が高い ・二酸化炭素や大気汚染物質を排出しない	・事故が起こった場合，周囲に甚大な被害を及ぼす
太陽光発電	・再生可能エネルギーで省スペースで発電できる	・夜間は発電ができない ・天候に左右される
風力発電	・再生可能エネルギー ・変換効率が高い	・発電量が天候に大きく左右される
地熱発電	・再生可能エネルギー ・発電量が安定している	・開発のコストと，リスクが高い

図３　日本の発電量の推移

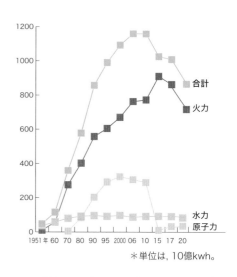

＊単位は，10億kwh。

［『データブック・オブ・ザ・ワールド』］

第2章　地球的課題と国際協力　チェックテスト

［第2節］　資源・エネルギー問題

問1　次の文章中の空欄に適当な語句を入れなさい。

1　一次エネルギーの消費量は，　①　，日本，ドイツのような人口規模が大きい先進国や中国，　②　のような極めて人口規模が大きい発展途上国が多い。

2　石油産業は，第二次世界大戦前後までアメリカ合衆国などの多国籍企業である　③　が独占的に支配してきたが，アラブ産油国を中心に自国資源の有効利用を目指す　④　が高揚してきた。

3　1960年に　⑤　が設立され，1970年代には原油価格の大幅な値上げがおこなわれたため　⑥　が起こった。

4　採掘技術の進歩によって，地中深くの頁岩から原油や天然ガスを抽出することができるようになった世界のエネルギー事情の大きな変化を「　⑦　」という。

5　埋蔵量が少なく，抽出が難しい金属を　⑧　といい，　⑨　には欠かせない金属である。

6　再生可能エネルギーは，埋蔵量が有限ではない　⑩　のエネルギーで，地球環境への負荷が小さい。

7　エネルギー消費の主役が石炭から石油へ移行する「　⑪　」は，　⑫　年代に進行した。

8　風力発電は，国土面積が広い　⑬　，アメリカ合衆国，インドや　⑭　を有効に利用できる　⑮　，スペイン，イギリス，デンマークなどで普及している。

9　地熱発電は，マグマの熱を間接的に利用して発電する形式で，　⑯　に位置するアメリカ合衆国，インドネシア，フィリピンなどの　⑰　地域で実用化されている。

10　バイオマス発電は，植物起源の燃料は燃焼させても二酸化炭素を排出しないと見なす「　⑱　」の考え方から，需要が増加している。

問2　次の文章のうち，適当でないものをすべて選びなさい。

1 　一次エネルギーとは，自然界から取り出したエネルギーを加工しない状態で供給するエネルギーのことで，石炭，石油，天然ガス，水力などがこれに当たる。

2 　石油危機によって，産油国は巨額のオイルマネー（石油収入）を得たが，消費国側は経済的に大きな打撃を受けたため，省エネ政策や代替エネルギーの導入によってこれに対抗した。

3 　2000年以降は，アメリカ合衆国の原油と天然ガスの生産量が減少したため，原油・天然ガスともに最大の生産国がロシアになった。

4 　再生可能エネルギーの中で，世界において最も発電量が大きいのは，風力発電である。

5 　石炭は，シダ類などの陸生植物が化石化してできたエネルギーであるため，燃焼させても二酸化炭素を排出しないと見なされている。

6 　再生可能エネルギーは，大量性に優れ，低コストで獲得できるため，近年は世界的に消費量が増加している。

7 　風力発電は，昼夜を問わず発電できるが，無風と強風に弱く，安定した供給が難しい。

8 　太陽光発電は，専用の用地がなくても発電が可能なため，平坦地の確保が困難な日本では風力発電，地熱発電を上回る発電量である。

答え　問1　① アメリカ合衆国　　　　　　② インド　　　　　　　　　③ オイルメジャー（国際石油資本）

　　　　　④ 資源ナショナリズム　　　　⑤ OPEC（石油輸出国機構）　⑥ 石油危機（オイルショック）

　　　　　⑦ シェール革命　　　　　　　⑧ レアメタル　　　　　　　⑨ 先端技術産業

　　　　　⑩ 非枯渇性　　　　　　　　　⑪ エネルギー革命　　　　　⑫ 1960

　　　　　⑬ 中国　　　　　　　　　　　⑭ 偏西風　　　　　　　　　⑮ ドイツ

　　　　　⑯ 変動帯（新期造山帯）　　　⑰ 火山　　　　　　　　　　⑱ カーボンニュートラル

　　　問2　3（シェール革命によって，アメリカ合衆国は原油と天然ガスの生産量が増加したため，ともに世界最大の生産国になった）

　　　　　　4（再生可能エネルギーで最も発電量が多いのは，水力発電で，風力発電はこれに次ぐ）

　　　　　　5（石炭は過去に存在していた植物起源の化石燃料で，現存する植物が燃料でないため，二酸化炭素排出量が0とは見なされない）

　　　　　　6（再生可能エネルギーのデメリットは，大量性が劣り，高コストなところ）

第3節 人口問題

01 世界の人口分布

世界の総人口は80億人を突破！！！　人口はどこまで増えるのだろう？　そして，地球はその人口を支えていけるのだろうか？

1 人口分布の地域差

世界には約80億人（2022年）の人々が居住しています。人口密度（人/km²）がすごく高くて，多くの人口が密集している地域もあれば，そうでない地域もあります。どうして，こんなに地域差が大きいのでしょう（図1，図4→p125）。

いろいろな理由・背景があると思いますが，やっぱり自然環境，特に気候の影響は大きいです。C（温帯）やA（熱帯）のように，**熱量や降水量に恵まれる地域は，食料生産が得意**です。すると，**人口支持力**＊が高くなる。ところが，B（乾燥帯）は**降水量が不足**し，D（亜寒帯）は**熱量が不足**するので，食料生産には苦労します。したがって，世界の人口分布を考える場合には，**C，A＞B，D**というところから始めましょう！　そして，E（寒帯）は人間が居住するには，あまりにも自然環境が厳しいので，**アネクメーネ**＊＊になってしまうんだと考えるといいですね。

＊人口支持力：人々の生活を支える力（人口扶養力）のこと。

＊＊アネクメーネ：非居住地域のこと。逆に人間が居住し，経済活動を営んでいるところをエクメーネとよび，陸地の90％以上を占めている。

2 地域別人口と世界の人口大国

「人口が多い地域はどこですか？」と問うと，「それは，アジアでしょう！」という答えが必ず返ってきます。なんせ，世界の総人口約**80億人**のうち，**約60％**の人々が**アジアに居住**しているのです。アジアとアフリカの面積はほぼ同じなのに，**アジアの約47億人とアフリカの約14億人の差はでかい！**　それだけ，**アジアはモンスーンによる降水と肥沃な土壌**に恵まれているんでしょうね。

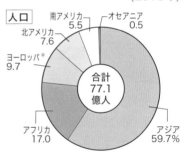

図1　世界の地域別人口と面積
(2019年)

[人口]
- 南アメリカ 5.5
- 北アメリカ 7.6
- オセアニア 0.5
- ヨーロッパ＊ 9.7
- アフリカ 17.0
- アジア 59.7%
- 合計 77.1億人

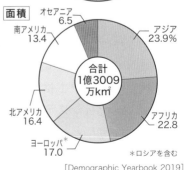

[面積]
- オセアニア 6.5
- 南アメリカ 13.4
- アジア 23.9%
- 北アメリカ 16.4
- ヨーロッパ＊ 17.0
- アフリカ 22.8
- 合計 1億3009万km²

＊ロシアを含む

[Demographic Yearbook 2019]

アジア，アフリカ，ヨーロッパは，大昔から人々が居住し経済活動を営んできた地域なので，旧大陸とよばれています。旧大陸だけで，約68億人です。残る南北アメリカ，オセアニアの新大陸をすべてあわせてもたったの約12億人！　これじゃ人口密度も低くて，

第2編 国際理解と国際協力

農業をやるにしても**大規模機械化農業をやらざるを得ない**ですよね。気候や農業を学ぶと，人口のテーマまですんなり理解できるようになります。地理ってすごい！！！　図２に示した「**世界の人口大国**」くらいは，今のうちにマスターしておくといいですね。

図２　世界の人口大国（2021年）

国 名	人口（億人）	国 名	人口（億人）	国 名	人口（億人）
中国	14.3	ブラジル	2.1	**日本**	1.2
インド	14.1	ナイジェリア	2.1	エチオピア	1.2
アメリカ合衆国	3.4	**バングラデシュ**	1.7	**フィリピン**	1.1
インドネシア	2.7	ロシア	1.5	エジプト	1.1
パキスタン	2.3	メキシコ	1.3		

＊太字はアジア

[『2023 データブック・オブ・ザ・ワールド』]

3 世界の人口増加と人口ピラミッド

　今でこそ，世界の総人口は約80億人ですが，17世紀の半ばごろはたったの５～６億人だったと推測されています。これって，今でいえばアメリカ合衆国3.4億人とブラジル2.1億人の２か国の人口を合わせた数値です！　相当のどかですねぇ。じゃあ，いつごろからこんなに人口は増えるようになったのでしょう。

〔1〕**第一次人口爆発**＊　**19世紀から20世紀前半ごろに生じた先進国における人口急増現象**です。食糧危機は，**新大陸への移住や新大陸での農産物生産の増加**で回避されました。

　＊人口爆発：人口急増現象のことで，出生率が高いまま，死亡率が低下すると生じる。

〔2〕**第二次人口爆発**　**20世紀後半以降**に生じた発展途上国における人口急増現象です。出生率が高いまま，先進国の食料援助，WHO（世界保健機関）による医療活動などによって**乳児死亡率が低下**することにより生じています。

〔3〕**人口ピラミッド**＊　人口ピラミッドは，**年齢別・性別人口構成**を示すグラフで，とってもとっても重要な統計資料です。縦軸に年齢，横軸に人口に占めるその年齢層の割合と性別を表します。

　ある国や地域における**現在の年齢別・性別人口構成**を示すことができるだけでなく，**過去から現在までの出生・死亡，流入・流出**を視覚的に表現できるのです。そして人口ピラミッドは，**将来の人口構成の予測**にも役立ちます。教育行政，財政収支，医療・福祉システムの整備，企業の製品開発や市場，商業施設の立地など行政や企業の活動にとって，欠かせない資料になります。さらに，**年齢三階級区分**＊＊の割合に注目しましょう！

　次の①～③のように，人口ピラミッドの形によるタイプ分けもできます（図３）。

① **富士山型**　人口ピラミッドの底辺が長いタイプで，**出生率と死亡率がともに高い**ため，年少人口の割合が高く，老年人口の割合が低い。後発の発展途上国でみられる。

② **釣鐘型**　人口ピラミッドの底辺が狭いタイプで，**少子高齢化**の進行によって，年少人口の割合が低下し，老年人口の割合が高い。先進国でみられる。

③ **つぼ型** 人口ピラミッドの底辺が釣鐘型より狭くなったタイプで，より**少子高齢化**が進むことにより，**人口が減少または将来的に減少する国**にみられる。日本，ドイツ，イタリアなどは，このタイプに該当。

*人口ピラミッド：横軸は，総人口に占める割合を示す場合と人口数そのものを示す場合がある。国・地域を比較する場合や時代による変化を示す場合には，割合を示すことが多い。

**年齢三階級区分：15歳未満までが年少（幼年）人口，15〜64歳までが生産年齢人口，65歳以上が老年人口というように，3グループに分ける区分。生産・消費活動を担うのが生産年齢人口，生産年齢人口に扶養されるのが従属人口（年少人口＋老年人口）。生産年齢人口＞年少人口＞老年人口が理想的な人口構成。

図3 人口ピラミッドの形状

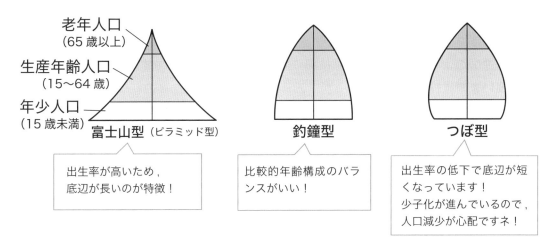

図4 世界の人口密度と地域別人口の推移

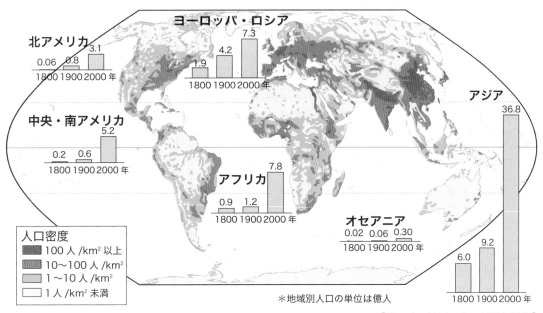

[Diercke Weltatlas 1996 ほか]

02 発展途上国の人口問題

発展途上国では人口が増加している。人口が増加するとどんな問題が生じるのだろう？

1 人口爆発と貧困

20世紀後半になると，**アフリカやアジア**では「**人口爆発**」とよばれる急激に人口が増加する現象がみられるようになりました。

〔1〕**人口爆発**　発展途上国のおもな産業は農業です。それぞれの農家の労働力は，家族に依存しているので，できるだけ子どもは多いほうがいい（**農業労働力の確保**）。親が歳をとって働けなくなると，親の面倒を見るのは子どもです（**老後の保障**）。先進国のように，高齢者福祉に頼るわけにはいかないのです。そこで，**出生率*は高いまま推移**します。ところが，先進国の援助や国連などのバックアップなどで，**栄養状態，医療や公衆衛生が改善**されると乳児死亡率**が低下し，人口が急増するのです（図1）。

① **アフリカ**　出生率が最も高く，**人口増加率***が最も高い**地域（図2）。

② **アジア**　**人口増加数は最も多い**が，1980年代後半以降，経済発展などにともない**人口増加率は低下傾向**（図2）。中国では，**一人っ子政策******などの人口抑制策も採られた。

*出生率：一定の人口に対する出生数の割合。人口1,000人当たりの出生数を示すことが多く，‰（パーミル，千分率）で表現する。これに対して，一定の人口に対する死亡数の割合を死亡率という。

**乳児死亡率：産まれた子どもが1年以内に死亡する確率。乳幼児死亡率は，5歳までに死亡する確率のこと。

***人口増加率：ある国や地域において，一定期間内に増加した人口の割合。（出生数－死亡数）÷総人口＝自然増加率，（移入数－移出数）÷総人口＝社会増加率となり，国や地域の人口増加率を算出する場合には，自然増加率＋社会増加率となる。2019年における世界の自然増加率は，10.9‰。

****一人っ子政策：中国において，1979年から2014年まで実施された人口抑制策。「一組の夫婦には，一人の子ども」という家庭を理想とし，出生率，人口増加率の抑制には成功したが，急速な少子化と将来の高齢化を危惧し，2015年以降は見直しを図った。

〔2〕**人口増加と貧困**　**アフリカ**などの**後発途上地域**では，なかなか家族計画も普及せず，依然として出生率が高い国があります。**貧困で多産**となると，当然ですが**子どもたちに十分な教育を施せません**よね。すると，貧しいから子どもが多くなり，子どもが多いから貧しくなるという，**多産と貧困の悪循環**が生じてしまうのです。

2 リプロダクティブ・ヘルス / ライツ（性と生殖に関する健康と権利）

　発展途上地域は教育水準が低く，女性が**健康（health）**を維持し，**子どもを産むかどうかなどを自分の意志で決定する権利（rights）**をもたない場合があります。特に，途上地域では**女性の教育水準が低く，男性より社会的地位が低く抑えられている**場合があるため，**出生率の抑制**だけでなく，人権尊重の面でもリプロダクティブ・ヘルス / ライツ*を確立することが重要です。

　*リプロダクティブ・ヘルス / ライツ：1994年，カイロで開催された国際人口開発会議（ICPD）で提唱された概念で，リプロダクティブ・ヘルスとは「生涯を通じて性と生殖に関わる健康」，リプロダクティブ・ライツとは「良質な健康環境を享受できる権利」のこと。

図1　人口転換のモデル図

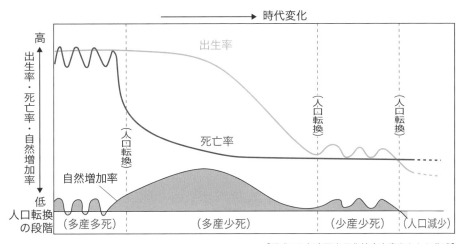

[平成16年度版少子化社会白書をもとに作成]

図2　世界の地域別人口の推移

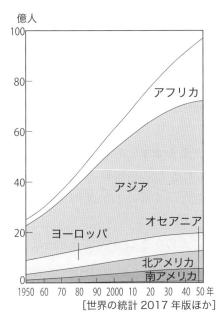

[世界の統計 2017年版ほか]

図3　人口ピラミッドの例

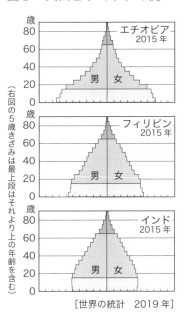

[世界の統計　2019年]

03 先進国の人口問題

先進国の大半は，少子高齢化が進行している。
どうしてだろう？　そして，少子高齢化すると
どんな問題が生じるのだろう？

1 深刻な少子高齢化

毎日のようにメディアなんかで耳にする少子高齢化！このテーマでは，どうして先進国では少子高齢化が進むのか，そして少子高齢化はなんでいけないのか，っていうことをいっしょに学んでみましょう。

〔1〕**少子化**　豊かになった**先進国**では，子どもにできるだけ**高度な教育**を授けようとします（みなさんには耳が痛いかもしれないけど，かなり高額な費用がかかります）。また，**老後の保障も制度として整備**されています（とはいっても，お父さんやお母さんの面倒はしっかりみましょう！）。これらを背景として，「**少ない子どもを，できるだけ大切に育てよう！**」とするのです。

さらに，**女性の高学歴化**が急速に進み，男性と同じように社会で活躍するようになると，結婚年齢が遅くなり（晩婚化），必ずしも結婚しなくてもいいんじゃないのか（非婚化）という考え方も出てきます。若いみなさんには，まだまだわからないかもしれませんが，子どもを育てるには，身体的，精神的，経済的にすごく大きなパワーが必要です。もちろん喜びのほうがはるかに大きいのですが……。このように女性の晩婚化・非婚化が少子化に拍車をかけ，**先進国では合計特殊出生率***がかなり低下しています（図1）。

*合計特殊出生率：1人の女性が一生のうちに産む子どもの平均値。少子化を示す指標として用いられ，合計特殊出生率が2.1以上ならば，人口再生産が可能になる。先進国はほとんどの国が2.1未満で，日本は1.30（2021年）。

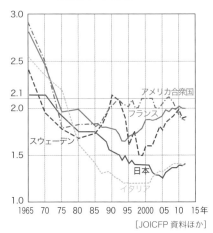

図1　おもな先進国の合計特殊出生率の推移

[JOICFP資料ほか]

〔2〕**高齢化**　少子化と高齢化は表裏一体で，**少子化が進むと高齢化が進むし，高齢化が進むと少子化が進みます。経済発展し，医薬品の普及や医療システムが整備され，健康志向が高まる**と，平均寿命が延びますよね。すると，国・地域の人口に占める高齢者の割合が高くなるため**高齢化が進みます**。平均寿命が延びるのはよいことなんですが……（図2）。

〔3〕**少子高齢化の問題点**　なぜ，少子高齢化が進んでいるのかというのはわかってもらえたと思いますが，少子化や高齢化が進むとなにが問題なのでしょう？
少子化が進み年少人口率が低くなると，将来の経済・社会を担う若者が減少し，将来の生産年齢人口が減少することを意味します。

また，**高齢化が進み老年人口率*が高くなる**と，現在の経済・社会を支えている**生産年齢人口の負担はどんどん大きく**なってしまいますよね。**生産年齢人口**は，国・地域における**生産活動**に従事し，しかも**消費活動**の中心でもあります。しかも生産年齢人口の内訳だって，20〜30代が少なくなり，50〜60代が多くなる。これでは，**国や地域の活力が失われ**てしまい，**経済活動が停滞**してしまいます（図3）。

*老年人口率：総人口に占める老年人口（65歳以上人口）の割合。人口の高齢化を示す指標の1つ。

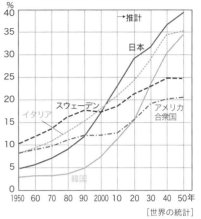

図2　おもな先進国の老年人口比率の推移（2019年）

[世界の統計]

2 少子高齢化対策

じゃあ，どのような対策が考えられるか？　ということになります。先進国は，みんな少子高齢化対策に取り組んでいますが，なかなか実現が難しい……。でも，**スウェーデン，デンマーク**などの北欧諸国や**フランス，イギリス**などは，子育て支援策をかなり積極的に進めているため，**合計特殊出生率が先進国の中では高めに推移**しています。

〔1〕**育児休業・休暇制度の整備・確立**　育児休業制度は，出産後，**有給で一定期間職場を休業できる制度**で，育児休暇制度は，育児目的で必要に応じて，**職場に休暇を申請できる制度**。ともに，働く親が子育てをしやすいように支援する。

〔2〕**保育サービスの充実**　親が働きながら安心して子育てができるよう，**保育所の整備**と**人材の養成**を促進。

〔3〕**医療・教育サービスの充実**　**医療や教育の無償化**など子育てコストの軽減。

〔4〕**高齢者福祉サービスの充実**　高齢者が人間らしく，自分らしく生きられるように，**医療・介護サービスの体制**を整備。

〔5〕**財源の確保**　国民的な合意による**財源の確保**。税収の減収によるサービス低下を回避。

〔1〕〜〔5〕などのいろいろな対策がありますが，限界や課題はあるため，それぞれの国が頭を悩ませています。課題解決は，本書を読んでいるみなさんにかかっています！

図3　おもな先進国の人口ピラミッド（年齢別性別人口構成）

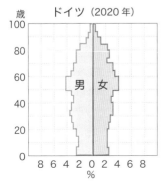

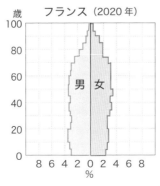

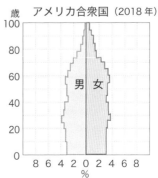

[『世界国勢図会 2022/23』をもとに作成]

04 日本の人口問題

日本は，他の先進国以上に急速な少子高齢化が進行している。われわれはこの問題に対して，どう立ち向かえばいいのだろう？

1 日本の少子化と高齢化

　ベビーブーム*って聞いたことありますか？　いろいろな理由から，**ある時期に出生率<ruby>出生率<rt>しゅっしょうりつ</rt></ruby>がすごく高くなる現象**のことです。どこの国でも経験するのですが，日本では第二次世界大戦後に２度経験しました。第１次ベビーブームは**1947年から1949年**にかけて，第２次ベビーブームは**1971年から1974年**にかけてです。**第２次ベビーブーム以降，出生率は急速に低下**し，21世紀に入るとついには出生率と死亡率が逆転してしまって，人口減少社会に突入したのです。

　＊ベビーブーム：一時的に出生率が急上昇する現象。第二次世界大戦後，世界各国で生じたが，日本では1947年から1949年に第１次ベビーブームが起きた。さらに1971年から1974年には，第１次ベビーブームの世代が結婚適齢期を迎え，第２次ベビーブームが起こったが，第２次ベビーブーム後は，急速に少子化が進んだ。

〔1〕**少子化**　**女性の急速な高学歴化と社会進出**によって，晩婚化や非婚化が進み，**結婚や出産に対する価値観も変化**したことから，少子化が進行。**合計特殊出生率<ruby>合計特殊出生率<rt>ごうけいとくしゅしゅっしょうりつ</rt></ruby>も1.30**（2021年）と韓国などとともに**世界でも最低レベル**。

〔2〕**高齢化**　世界でも類を見ないほど**急速な高齢化**が進行。従来は，生産年齢人口＞年少人口＞老年人口だったが，1997年には**生産年齢人口＞老年人口＞年少人口**となる。2015年には，ベビーブームの期間に産まれた世代（**団塊の世代<ruby>団塊の世代<rt>だんかい</rt></ruby>***）が老年人口に加わり，高齢者数が急増した。**老年人口率**＊＊は28.9%と世界最高レベル**（2021年）！

　＊団塊の世代：第１次ベビーブームの時期に産まれた世代。同様に，第２次ベビーブームの世代を団塊ジュニアとよぶこともある。

　＊＊老年人口率：総人口に占める65歳以上の人口割合で，高齢化率ともいう。

図1　日本の年齢別人口割合の変化（%）

	0〜14歳	15〜64歳	65歳以上
1950年	35.4	59.6	4.9
1960年	30.2	64.1	5.7
1970年	24.0	68.9	7.1
1980年	23.5	67.4	9.1
1990年	18.2	69.7	12.1
2000年	14.6	68.1	17.4
2010年	13.2	63.8	23.0
2015年	12.6	60.9	26.6
2020年	11.9	59.5	28.6
2021年	11.8	59.4	28.9

＊各年10月1日現在　　　　　　　　［『日本国勢図会2022/23』］
＊2021年は推計数

図2　年齢構成の国際比較

＊センサス

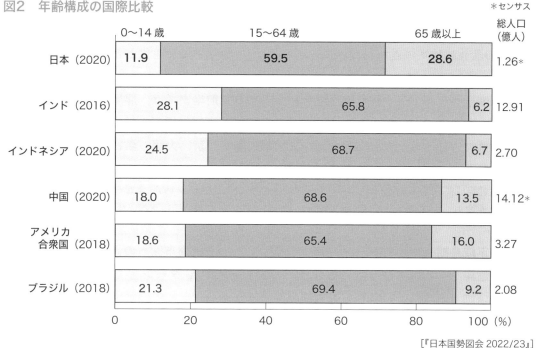

[『日本国勢図会 2022/23』]

図3　日本の人口ピラミッド（年齢別性別人口構成）の推移

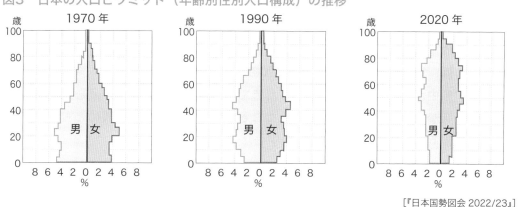

[『日本国勢図会 2022/23』]

図4　おもな国の老年人口比率の比較

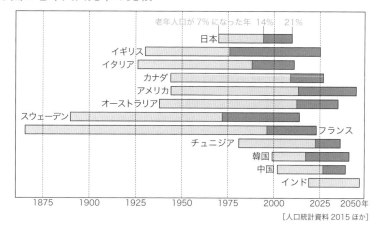

[人口統計資料 2015 ほか]

2 日本の人口変化の地域差

日本の総人口は約1億2,500万人で，**人口減少社会**に突入していますが，人口増減などの人口変化には地域差がみられます。次の〔1〕〜〔4〕では，時代とともに変化する人口変化の地域差を学んでみましょう。

〔1〕**高度経済成長期***　**1950年代後半から1960年代前半**までは，雇用機会を求めて東京都，**大阪府**に人口が流入。**1960年代後半**には，東京都周辺の神奈川県，千葉県，埼玉県などで人口が増加するなど，三大都市圏（**東京，大阪，名古屋**）での人口増加率が高かった。

　*高度経済成長期：日本が急速に経済成長を遂げた1955年ごろから1973年ごろの期間。全国的に重工業化が進み，太平洋ベルトが形成された。この時期に，日本人の所得水準，生活水準は急上昇し，先進国の仲間入りを果たした。

〔2〕**安定成長期**　石油危機後の**1970年代**になると，**三大都市圏への人口増加が沈静化**。製造業などの地方進出などを背景に，**Uターン***，**Jターン****などの地方圏への人口移動もみられた。また，**東京都心部**では地価高騰などの生活環境悪化から，**ドーナツ化現象*****も生じた。

　*Uターン：地方で生まれ育った人が，就職で東京などの大都市へ移住し，再び地元に戻る現象。第1次石油危機後から1980年代半ばごろ，顕著になった。

　**Jターン：地方から東京などの大都市へ移住した人が，地元近くの中心都市や中規模都市に戻る現象。

　***ドーナツ化現象：都心の居住人口が減少し，郊外の居住人口が増加する現象。都心部での地価高騰など生活環境の悪化から生じる。

〔3〕**バブル期**　**1980年代後半から1990年代初め**は，バブル景気にわき，**東京大都市圏への人口集中**が生じた。背景には，これまでの製造業にかわって，金融業，保険業，不動産業などの**第三次産業が成長**したことや**グローバル化の進展**にともない，**情報が集積**する東京大都市圏に企業が集中したことがあげられる。

〔4〕**バブル崩壊後**　1990年代前半には，東京大都市圏の人口増加はいったん沈静化するが，**1990年代後半から2000年代**にかけて，**地価の下落とマンション建設などの再開発**などで，住宅取得が容易になったことから，東京大都市圏内部や地方圏から，**都心部への転入者が増加**する**都心回帰***が生じた。

少子化が急速に進んだこともあり，**全国的に人口が減少する道府県が増加**。人口増加しているのは，**東京都，沖縄県，神奈川県，埼玉県，千葉県，愛知県，福岡県，滋賀県のみ**（2015〜2020年）。

　*都心回帰：地価の下落により都心部の居住人口が回復する現象で，1990年代後半以降，東京，大阪，名古屋の都心部でみられる。背景は，バブル崩壊による地価下落，不況にともなう企業や行政の遊休地放出，金融機関の不良債権処理にともなう土地の処分，再開発にともなう高層マンションの相次ぐ建設などで，都心部における住宅取得が容易になったことなどである。

図4　都道府県別人口増加率の変化

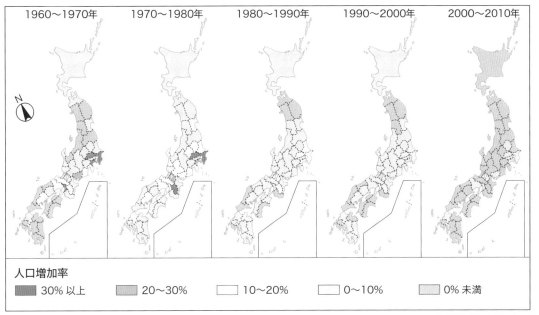

[国勢調査をもとに作成]

③ 地方圏における過疎化の進行

　少子高齢化の影響をまともにうけたのが三大都市圏を除く地方圏です。日本全体の出生率が高かった時代は，多くの人口が雇用機会や高所得を求めて東京，大阪などの大都市圏に移動しても，地方圏の人口はほとんど減少しませんでした。それだけ多くの子どもが産まれていたのです。

　しかし，少子化が急速に進むと，地方圏から人口が流出すれば，地方圏の人口が減少してしまうようになります。さらに若い年齢層が大都市圏に流出すると，残されるのは高齢者！　地方圏の高齢化率（老年人口率）は軒並み上昇していきました。特に，中山間地域＊，山村地域，離島などでは，公共施設，商業施設，公共交通機関などが撤退し，人々が日常生活を送るのでさえ困難な地域も生じています。このような過疎地域には，限界集落＊＊とよばれる地域も含まれています。

　　＊中山間地域：平野の外縁部から山間地にかけての地域で，かつては重要な農業生産地域であったが，近年は農業生産に不利な地域であることから，過疎化が進み，耕作放棄地の増加が深刻な問題となっている。

　　＊＊限界集落：集落を構成する人口の50％以上が65歳以上（老年人口）で，共同体の維持が困難になっている集落。限界集落の中には，集落消滅の危機に瀕しているものもある。

[第3節] **人口問題**

問1 次の文章中の空欄に適当な語句を入れなさい。

1　世界の総人口は約 ① 億人で， ② やA（熱帯）は人口支持力が高く人口密度も高いが， ③ やD（亜寒帯）は人口密度が低く，E（寒帯）は居住に適していないため ④ とよばれている。

2　世界の人口分布は不均等で，アジアには世界の約 ⑤ ％が居住しており，人口1億人以上の人口大国として，中国，インド， ⑥ （2.7億人），パキスタン，バングラデシュ，日本， ⑦ （1.1億人）の7か国がある。

3　年齢別・性別人口構成を示したグラフが ⑧ で，0～14歳までを ⑨ 人口，15～64歳までを ⑩ 人口，65歳以上を ⑪ 人口に分類することがある。

4　20世紀後半以降，発展途上国では人口が急増する ⑫ が生じている。

5　地域別では， ⑬ の出生率が最も高く，人口増加率が最も高いが，人口増加数は ⑭ が最も多い。

6　発展途上地域では，女性の教育水準や社会的地位が低く，「性と生殖に関する健康と権利」である ⑮ の確立が望まれている。

7　少子化を示す指標の一つに，1人の女性が一生のうちに産む子どもの平均値である ⑯ があり，この値が ⑰ 以上ならば，将来人口が減少しない。

8　日本は，第二次世界大戦後に二度のベビーブームを経験し， ⑱ 年から ⑲ 年にかけてを第1次ベビーブーム，1971年から1974年にかけてを第2次ベビーブームとよぶ。

9　日本の合計特殊出生率は ⑳ （2021年）で，2009年以降人口が減少している。

10　少子化が急速に進んだこともあり，全国的に人口減少県が増加したため，2015年から2020年において人口が増加しているのは，東京， ㉑ ，神奈川，埼玉，千葉，愛知，福岡，滋賀の8都県だけである。

問2　次の文章のうち，適当でないものをすべて選びなさい。

1 アフリカなどの発展途上国では，栄養状態や医療・衛生状態が改善されたため，乳児死亡率は低下しつつあるが，先進国に比べると依然として高い。

2 先進国では，女性の高学歴化と社会進出による晩婚化，扶養費・教育費の負担増などを背景に少子化が進行している国が多い。

3 スウェーデンなどの北欧諸国やフランス，イギリスなどは，子育て（家庭）支援策を積極的に進めているため，先進国の中では合計特殊出生率が高めである。

4 日本の年齢三階級別人口の割合は，生産年齢人口＞年少人口＞老年人口である。

5 日本の高度経済成長期には，東京都，大阪府に人口が流入するとともに，その周辺地域での人口が増加した。

6 石油危機後の安定成長期には，日本の三大都市圏の人口増加が沈静化し，Ｕターン，Ｊターンなどの人口の地方圏への移動もみられた。

7 1980年代後半から1990年代初めは，バブル景気による地価の高騰で，東京都の人口が減少に転じた。

8 バブル崩壊後は，景気の悪化にともない，東京都心部での住宅取得が困難になったため，人口の地方回帰が急速に進んだ。

答え　問1　① 80　　②Ｃ（温帯）　　③Ｂ（乾燥帯）　　④ アネクメーネ

⑤ 60　　⑥ インドネシア　　⑦ フィリピン　　⑧ 人口ピラミッド

⑨ 年少（幼年）　　⑩ 生産年齢　　⑪ 老年　　⑫ 人口爆発

⑬ アフリカ　　⑭ アジア　　⑮ リプロダクティブ・ヘルス/ライツ

⑯ 合計特殊出生率　　⑰ 2.1　　⑱ 1947　　⑲ 1949

⑳ 1.30　　㉑ 沖縄

　問2　4（生産年齢人口＞老年人口＞年少人口）

7（第三次産業の発展やグローバル化によって，東京への一極集中が進んだ）

8（バブル崩壊後の地価下落で，住宅取得が容易になったため，東京都心回帰が進んだ）

01 食料需給をめぐる問題

食料が不足していて飢餓に苦しんでいる国がある。その反面，食料が余ってしまって，廃棄する食品ロスも増加している。この矛盾はどうして生じるんだろう？

1 食料問題の地域性

　次の図1のように，ＦＡＯ（国連食糧農業機関）の統計資料によると，世界の食料生産増加率は，人口増加率を上回っています。ということは，世界の人々みんなが十分に食べていけるだけの食料が生産されているということ。なのに，国・地域による「**食の不均衡**」は著しくて，アメリカ合衆国などの**先進地域では飽食**＊による**肥満問題，生産過剰による食品ロス**＊＊**問題**が深刻です。

　いっぽう，サハラ以南のような**発展途上地域では飢餓**に苦しむ国も存在します。また，**栄養不足人口**＊＊＊の割合は，**アフリカが最も高く，栄養不足人口数はアジアが最も多い**です。

＊飽食：過剰に食料を摂取すること。肥満や生活習慣病の原因となる。

＊＊食品ロス：本来食べることができるのに捨てられてしまう食品。家庭で発生する食品ロス（食べ残しや消費期限切れによる廃棄）と事業活動にともなって発生する食品ロス（規格外品や売れ残りによる廃棄）がある。

＊＊＊栄養不足人口：健康的な生活を維持するために必要な量の食事エネルギーが不足している人口。アジアで約4.25億人，アフリカで約2.78億人，ラテンアメリカで0.56億人（2021年）。

●データ分析のポイント！

2000年代前半までは，人口増加率が食料生産増加率を上回っていましたが，近年は食料生産増加率がついに人口増加率を上回るといううれしい状態になりました。それでも栄養不足人口が8億人近くいるということは，まさに「食の不均衡」が生じているということです！　みんなの努力と協力でなんとか解決しなくちゃネ！

図1　世界の食料生産と人口の移り変わり

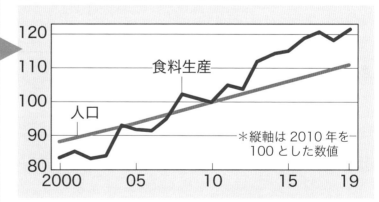

＊縦軸は2010年を100とした数値

［国連食糧農業機関統計をもとに作成］

2 食料問題の背景

　発展途上国の中心的な産業は，農業であることが多いです。ところが**発展途上国では，食料不足！**　なんかおかしいですよね。それは以下のような背景があるからです。

〔1〕**小規模で零細な農業**　資本や技術が**不十分**で，単位面積当たりの生産量（土地生産性）や単位労働時間当たり生産量（労働生産性）が少ない。

〔2〕**プランテーション農業によるモノカルチャー化**　輸出用の**換金**作物の生産に重点が置かれ，**自給用作物の生産が遅れている。**

〔3〕**自然災害や政情不安**　干ばつ，水害などの自然災害，内戦・紛争などの政治的混乱により農地が荒廃_{こうはい}している。

　このような食料問題に対して，さまざまな取り組みがおこなわれています。その代表的な試みが緑の革命*です。緑の革命は，第二次世界大戦後の**発展途上地域における食料不足を解消**するために，**米，小麦などの高収量品種****を開発し普及させようという動きです。これによって，**東南アジア，南アジアにおける穀物生産は急増**し，多くの国で**自給率が飛躍的に上昇**したり，一部の国では輸出までできるようになりました。また，**アフリカ**では，日本などの資金・技術援助やNGO（非政府組織）の技術協力によって開発された**ネリカ（NERICA）*****とよばれる米の導入など，アフリカの高温や乾燥に適した高収量品種の開発も進められています（図2）。

*緑の革命：おもに1960年代から進められたアジアなどの発展途上国における米，小麦などの高収量品種の導入。多くの国で穀物の生産性が飛躍的に向上したが，灌漑の整備，化学肥料や農薬の投入が必要であったため，資金がある富裕層は恩恵を受けたが，導入できない農家との間で，経済格差が拡大した。

**高収量品種：単位面積当たりの収穫量が多い改良品種。在来種に比べ，病虫害に弱く，十分な肥料・農薬投入と灌漑_{かんがい}が必要。

***ネリカ（NERICA）：New Rice for Africa の略で，生産性が高く高品質なアジア米と病虫害に強いアフリカ米をかけ合わせて改良した米の総称。

図2　ネリカの普及状況（2010年）

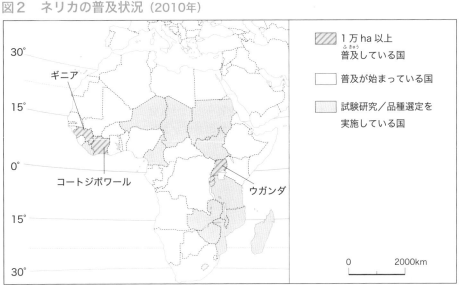

[藤家斉ほか「ネリカ普及の現状と要因」をもとに作成]

図3　おもな国の１人１日当たり供給熱量と食料供給量（2019年）

国　名	熱量	穀物	イモ類	野菜	肉類	牛乳・乳製品	水産物	各国の特徴
アメリカ合衆国	3,862	301	145	294	353	633	61	・欧米先進国は肉類，牛乳・乳製品の供給量が多く，供給熱量も大きい。
イギリス	3,395	361	211	217	221	575	51	
中国	3,347	557	188	1,060	184	64	140	・中国は，野菜の供給量が極めて多く，牛乳・乳製品は少ない。
日本	2,691	384	69	265	146	130	129	・日本は低カロリーでバランスがよい日本食が特徴。
インド	2,581	511	84	244	14	202	19	・インドは，ヒンドゥー教の考え方が食生活に反映しており，穀物の供給量は多いが，肉類，水産物の供給量が極めて少ない。
中央アフリカ共和国	1,870	92	736	52	116	41	21	・中央アフリカは，所得水準が低いことから熱量供給量も少なく，主食をキャッサバなどのイモ類に依存していることが読み取れる。

＊単位は，供給熱量が kcal，食料供給量は g。

［農林水産省「食料需給表」をもとに作成］

3 食の安全

　食料問題には，ここまで学んできた「飽食と飢餓」という量的な問題だけでなく，「食の安全」という質の問題も存在します。われわれの日常生活では，「少しでも安い食材」を求める傾向があると思いますが，どんなに安くても危険な食品はイヤですよね！

　そのためには，「どこで，誰が，どのようにして生産・輸送をおこなったか」を明らかにするトレーサビリティ（traceability：生産・輸送の履歴）の制度を充実させる必要があります。また，近年急速に発展しているバイオテクノロジー＊を利用して開発された遺伝子組み換え作物＊＊についても，遺伝子組み換え作物なのか，非遺伝子組み換え作物なのかを表示し，納得したうえでの購入が望まれます。

　＊バイオテクノロジー（Biotechnology）：遺伝子工学などを含む生物工学のことで，動植物のもつさまざまな機能を人類に役立てようという技術。

　＊＊遺伝子組み換え作物（GMO：Genetically Modified Organism）：農作物に遺伝子操作をおこない，除草剤に対する耐性を高めたり，病虫害に強い性質をもたせるなど，生産者にとっての利点を重視した作物。近年は，さらにさまざまな特性をもつ作物の栽培がおこなわれている。日本では，遺伝子組み換え作物を使用した食品には，表示義務がある。

4 食料自給率の向上を目指す

　国内で無理な農業生産をおこなうより，**栽培適地で生産された農産物を輸入**することも大切ですが，食料自給率（図4）が低いと，**異常気象**などの**自然災害や紛争など海外の産地の動向**に，食料供給が影響を受けるというリスクがありますよね。今回の**ロシアによるウクライナ侵攻**で，世界中がこのことを切実に感じました。食料安全保障のため，どこの国も食料自給率を高める努力をしています。

　また，**地球環境への負荷を小さくする**ためにも，食料自給は重要だという動きが拡大し，**フードマイレージ**＊という概念が提唱されたり，環境負荷を軽減するために地産地消＊＊とよばれる運動も先進国を中心に広がっています。

　　＊フードマイレージ（food mileage）：食料の輸送量と輸送距離をかけあわせた指標で，二酸化炭素排出量など地球環境への負荷の大小を示すことができる。日本は，フードマイレージが極めて大きい国だといわれている。

　　＊＊地産地消：地元で生産された農産物を地元で消費しようという考え方・運動。

図4　おもな国の食料自給率の推移

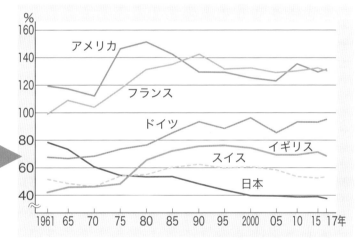

[農林水産省「食料需給表」をもとに作成]

🔍 データ分析のポイント！

日本は，1960年代の高度経済成長期以降，農産物の輸入自由化を進めたため，食料自給率がどんどん低下していきました。海外からの安い農産物の輸入が増加したからですネ！
また，日本人の食生活の変化も自給率低下の一因となりました。従来は，日本が自給可能だった米，野菜，魚介類中心の食生活が多様化したからです。国産農産物はちょっと価格が高めですが，「安心・安全」ではどこの国にも負けない！
自給率上昇に向けては，
　①旬のものを食べる。
　②地産地消を心がける。
　③ごはんを中心に野菜などを加え，バランスのとれた食事をとる。
　④食品ロスを減らす。
　⑤日本の農業をもっと強くする
などの取り組みがおこなわれているのです！がんばれ，日本の農業！！

写真1　地元で採れた農作物が並ぶ市場
（パリ・フランス）

第2章 地球的課題と国際協力 チェックテスト

[第4節] **食料問題**

問1 次の文章中の空欄に適当な語句を入れなさい。

1 国・地域による「食の不均衡」は著しく，先進地域では ［ ① ］ による肥満問題，生産過剰

による ［ ② ］，発展途上地域では飢餓や栄養不足が問題となっている。

2 「 ［ ③ ］ 」は，第二次世界大戦後の発展途上国における食料不足を解消するための動き

で，米，小麦などの ［ ④ ］ を開発・普及させたため，東南アジア，南アジアでは穀物生産

が増加した。

3 アフリカでは，アジア米とアフリカ米をかけあわせて改良した ［ ⑤ ］ の導入が進められて

いる。

4 近年は，「食の安全」を確保するため，農産物の生産・輸送の履歴を明らかにする ［ ⑥ ］

の制度が導入されつつある。

5 ［ ⑦ ］ を利用して開発された ［ ⑧ ］ も普及しつつあり，日本では ［ ⑧ ］ を使用した

食品については，表示義務がある。

6 食料の輸送量と輸送距離をかけあわせた指標を ［ ⑨ ］ といい，地球環境への負荷の大小を

示している。

問2 次の文章のうち，適当でないものをすべて選びなさい。

1 FAO（国連食糧農業機関）の資料によると，世界の人口増加率は食料生産増加率を上回っている。

2 食品ロスとは，本来食べることができるのに，廃棄されてしまう食品のことである。

3 発展途上国では，自給用作物の生産が中心で，外貨を獲得するための輸出用作物の生産が遅れ

ている。

4 日本食は低カロリーで栄養のバランスが良いこともあって，日本の1人1日当たり供給熱量は，

欧米先進国に比べて低い。

5 地球環境への負荷を軽減させるため，地元で生産された農産物を地元で消費しようという「地

産地消」の考え方が提唱されている。

答え 問1 ①飽食 ②食品ロス ③緑の革命 ④高収量品種 ⑤ネリカ ⑥トレーサビリティ

⑦バイオテクノロジー（生物工学，遺伝子工学） ⑧遺伝子組み換え作物（GMO） ⑨フードマイレージ

問2 1（食料生産増加率が人口増加率を上回っている）

3（輸出用作物の生産に重点が置かれ，自給用作物の生産が遅れているため，食料不足に陥る）

01 発展途上国の居住・都市問題

発展途上国では，都市人口が急増している国が多い。多くの人が都市に向かうのはなぜだろう？

1 都市っていったい何だろう？

「みなさんが住んでいるところは都市ですか？」って言われると，困ってしまう人もいますよね。「都市」ってどんなところなんでしょう

〔1〕集落　人々が集まって住んでいる地域で，機能によって村落と都市に分類。

〔2〕村落　農林水産業（第1次産業）によって支えられている地域。農村，山村，漁村など。

〔3〕都市　鉱工業・建設業（第2次産業）や商業・サービス業など（第3次産業）によって支えられている地域。

2 都市の魅力

高校生や大学生に，「都市のどんなところが好き？」って聞くと，「遊ぶところがいっぱいある」，「買い物するときに，商業施設がたくさんある」，「大学がたくさんある」などいろいろな答えが返ってきます。もちろん，どれも正しいのですが，社会人になったとたん，「働く場所がたくさんある」，「給料が高い」という答えがいっぱい！

都市には，**行政機関，企業などが集積し，経済活動が活発**ですから，**雇用機会**が豊富で，**高所得**が得られる！　だから，先進国でも，発展途上国でも都市に人々が流入し，都市化が進んでいくのです。

図1　首都人口が各国の総人口に占める割合
（2010～2015年）

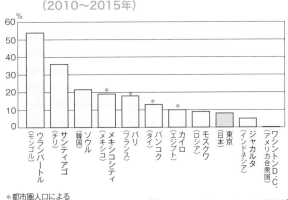

＊都市圏人口による

[Demographic yearbook 2015]

3 発展途上国の都市化

発展途上国では，**先進国以上に都市の人口が急増**しています。もちろん，出生率が高くて，人口が増加していることもありますが，やっぱり**農村部での「人口爆発」**によって，**あふれた人口が都市に流入**しているからです。農村部での余った人口は，農村部では食べていけないので，ちょっとでも高収入の仕事を求めて，あてもなく都市に出て行きます。発展途上国の都市は**先進国の都市ほど，産業が発達せず，雇用能力もない**都市に……。しかも，都市の数も少ないので，**首都などの大都市に多くの人口が流入**してしまうのです。だから，

発展途上国には，人口や機能が突出した**プライメートシティ（首位都市）**＊ができやすいんですね（図1→p141）。

　＊プライメートシティ（首位都市）：ある国（地域）において，人口規模や都市機能が突出して大きい都市。バンコク（タイ），メキシコシティ（メキシコ），リマ（ペルー），サンティアゴ（チリ）などが典型的なプライメートシティ。

4 スラムの形成

写真1　スラム（ホーチミン・ベトナム）

　増加する人口に対して，**産業の発達が不十分**な発展途上国の都市では，仕事に就けない多くの**失業者**であふれてしまいます。また，仮に仕事を見つけることができたとしても，**インフォーマルセクター**＊とよばれる露天商や行商などの不安定な仕事が多くなります。失業者や低所得者は，家賃を払うことが困難なため，**市内の河川・鉄道沿いや郊外の空き地を不法占拠**して，バラックなどを建てて居住するようになります。このような**貧困層が集住する地域をスラム**とよんでいるのです。

　スラムは，上下水道などのインフラ（インフラストラクチャー）の整備も**不十分**だし，衛生状態や治安も悪く**生活環境が劣悪な地域**です。国や地域はスラムの解消を進めてはいますが，なかなか苦慮しているようです。

　＊インフォーマルセクター：路上での靴磨き，物売り，ごみ収集，洗車など公的な記録に含まれない経済活動のことで，一般的に不安定で低収入。

5 新中間層の成長

　発展途上国では，**ごく一部の富裕層と大半を占める貧困層という二極構造**をなしている国が多かったのですが，近年は**先進国の企業進出や国の工業化政策**などにより，都心部には**多国籍企業のオフィス**，郊外には**工業団地**＊などが建設されるようになり，**安定した雇用につく高所得層が増加**し始めました。彼らを新中間層＊＊とよんでいます。

　新中間層の増加は，自動車，家電製品などの消費を拡大し，**国の消費経済を牽引**するようになりました。

　＊工業団地：工業用地，道路，電力，水道などを計画的に整備し，多くの工場を立地させた地域。

　＊＊新中間層：製造業などの工場労働者に対して，オフィスでの事務職や専門職などのホワイトカラー。

6 都市環境の改善

写真2　交通渋滞（バンコク・タイ）

　都市化の進行に，道路，鉄道などの**インフラの整備**が追いついていない発展途上国の大都市では，**交通渋滞や大気汚染が深刻**です。一部の発展途上国では，高速道路の整備，地下鉄や高架鉄道の整備もおこなわれています。

02 先進国の居住・都市問題

先進国では都市化が進み，多くの大都市が形成されている。そこでは次々と再開発がおこなわれているが，なぜなんだろう？

1 先進国の都市化

　先進国の都市化は，産業革命を契機に**19世紀から20世紀の前半**にかけて，急速に進みました。ヨーロッパでは**ロンドン，パリ**，アメリカ合衆国では**ニューヨーク**，日本では**東京，大阪**などで巨大な都市が成長したのです。都市の成長とともに，**大気汚染，水質汚濁，騒音，悪臭など生活環境の悪化**もみられるようになり，各国はこうした問題を解決するための努力をおこなってきました。

2 先進国の都市問題

　早くから都市化が進行したイギリスやアメリカ合衆国では，大都市内部における生活環境の悪化を避けるため，**郊外化**の動きがあらわれました。

〔1〕**郊外化**　モータリゼーションの進展とともに，**高所得層**を中心として，都市内部から郊外の戸建て住宅に移動する郊外化が進行。郊外人口の増加とともに，**広大な駐車場を備えた大型ショッピングセンター**が立地し，**オフィスや工場も進出**するようになった（図1）。

図1　デトロイトの人口の変化

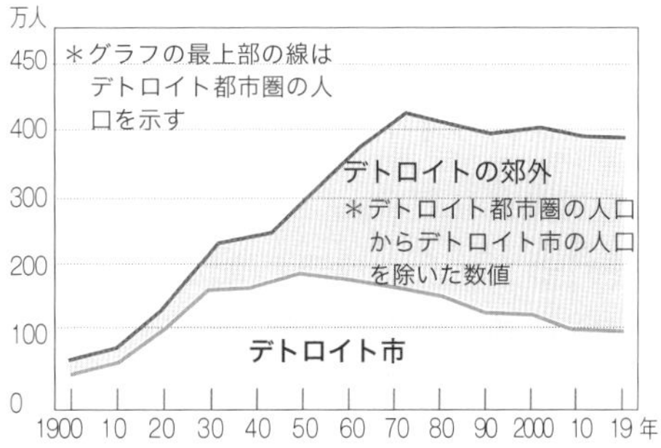

万人
*グラフの最上部の線はデトロイト都市圏の人口を示す
デトロイトの郊外
*デトロイト都市圏の人口からデトロイト市の人口を除いた数値
デトロイト市
1900 10 20 30 40 50 60 70 80 90 2000 10 19 年
[U.S.Census]

〔2〕**スプロール現象とニュータウン建設**　郊外化が進むと，道路などが整備されないまま**無計画に郊外に住宅が拡大するスプロール現象***が問題となった。これを防ぐため，**都市計画**にもとづいた**ニュータウン****が郊外に建設されるようになった。

*スプロール現象：都市の拡大によって，市街地が郊外に無秩序・無計画に広がっていく現象。道路，鉄道などのインフラも十分に整備されていないため，交通渋滞などの問題も生じる。

**ニュータウン：都市の過密化対策として郊外に建設された市街地で，一般的には住宅機能に優れる。ロンドンのニュータウンは，生産機能と消費機能をあわせもつ職住近接型だが，日本のニュータウンは，大部分が職住分離型の住宅衛星都市。

〔3〕**インナーシティ問題**　郊外は順調に発展していきましたが，**都心周辺の旧市街地（インナーシティ）**では，**老朽化した集合住宅，工場，倉庫が建ち並ぶ衰退が顕著**な地域があらわれました。特に，**アメリカ合衆国の大都市ではインナーシティの衰退が深刻**で，**移民や高齢者などの低所得層が集まるスラム**が形成され，治安も悪化していきました。そのため，インナーシティに居住する**中高所得層は，郊外に転出**するようになり，商業施設も撤退するなど，さらなる衰退がみられるようになったのです。

3 都市再開発

　もともとインナーシティは，**都心に近く通勤などの利便性に富む地域**です。「インナーシティをスラム化させるのはもったいない！」ということで，各国は**都市の再開発**を実施するようになりました。

〔1〕**ウォーターフロントの再開発**　先進国では，**1970年代の石油危機**を契機に，基幹産業が**鉄鋼，造船などから，機械，自動車，エレクトロニクスなどへ移行**したため，港湾に頼る度合いが低下し，**港湾地区が次々と衰退**していった。このため，老朽化した港湾施設を取り壊し，**高層マンションやオフィス，商業施設など**を建設することによって，港湾地区の再活性化を図った。代表的な事例が，ロンドンのテムズ川沿いにある**ドックランズ**や横浜の**みなとみらい21**などにおける**ウォーターフロントの再開発**＊。

　＊ウォーターフロントの再開発：既存の港湾地区や埋立地などの臨海部における再開発。

〔2〕**ニューヨークのハーレムの再開発**　欧米先進国の大都市では，スラム地区の再開発をおこない，高層マンション，オフィスなどを建設することによって，**中高所得層が再びインナーシティに回帰**するジェントリフィケーション（高級化）がみられる地域もある。代表的な事例が，ニューヨークの**ハーレム**。

〔3〕**コンパクトシティ構想**　**郊外化と自動車依存の抑制**のため，**徒歩と公共交通機関の利用範囲で生活が可能な**コンパクトシティの考え方によるまちづくりもおこなわれている。

写真1　インナーシティ(ニューヨークのスラム街)

写真2 再開発が進むドックランズ
（ロンドン・イギリス）

第2章 地球的課題と国際協力 チェックテスト

［第5節］ 居住・都市問題

問1　次の文章中の空欄に適当な語句を入れなさい。

1　村落は［　①　］によって経済が支えられている地域で，都市は［　①　］以外の産業で支えられている地域である。

2　発展途上国では，投資などが首都などの特定都市に集中するため，人口や都市機能が突出した［　②　］が発達しやすい。

3　貧困層が集住し，生活環境が極めて劣悪な地域を［　③　］という。

4　発展途上国では，［　④　］とよばれる路上での物売りなど公的な記録に含まれない不安定な仕事に就いている人も多い。

5　発展途上国では，都市化の進行に道路，鉄道，上下水道などの［　⑤　］の整備が追いついていない地域も多く，生活環境の改善が望まれる。

6　欧米などの先進国では，富裕層を中心に大都市内部の生活環境の悪化を避けるため［　⑥　］が進行しているところもある。

7　先進国の大都市周辺では，無計画に郊外まで住宅が拡大する［　⑦　］現象が問題となった。

8　アメリカ合衆国の大都市では，都心周辺の［　⑧　］の衰退が深刻で，移民や高齢者などの低所得層が集まる［　⑨　］が形成されるようになった。

9　イギリス・ロンドンの［　⑩　］では，ウォーターフロントの再開発が進められ，港湾地区の再活性化に成功した。

10　徒歩や公共交通機関の利用範囲で生活が可能な［　⑪　］の考え方が注目されている。

11　アメリカ合衆国などの大都市では，スラム地区の再開発をおこない，中高所得層が再びインナーシティに回帰する［　⑫　］がみられる地域もある。

問2　次の文章のうち，適当でないものをすべて選びなさい。

1　都市は，行政機関や企業が集積し，経済活動が活発なため，雇用機会が豊富である。

2　タイのバンコク，ペルーのリマ，ブラジルのブラジリア，オーストラリアのキャンベラなどは典型的なプライメートシティである。

3　近年は，新興国や発展途上国の一部で，都心部に多国籍企業のオフィス，郊外に工業団地などが建設されるようになり，安定した雇用につく新中間層が成長している。

4　大都市の都心部には，多くの企業が集積するため，広大な駐車場を備えた大型ショッピングセンターが立地するようになった。

5　ロンドンのニュータウンは，大部分が生産機能と消費機能が分離した職住分離型の住宅衛星都市である。

答え　問1　① 第1次産業（農林水産業）　② プライメートシティ（首位都市）　　③ スラム

　　　　④ インフォーマルセクター　⑤ インフラストラクチャー（インフラ）　　⑥ 郊外化

　　　　⑦ スプロール　　　　　　　⑧ インナーシティ　　　　　　　　　　　　⑨ スラム

　　　　⑩ ドックランズ　　　　　　⑪ コンパクトシティ　　　　　　　　　　　⑫ ジェントリフィケーション

　　　問2　2（ブラジリアとキャンベラは，首都だが国内最大都市ではない）

　　　　　　4（広大な駐車場を備えた大型ショッピングセンターが立地するのは，地価が安い郊外）

　　　　　　5（ロンドンのニュータウンは，職住近接型）

01 民族問題と難民問題
なぜ民族問題や難民問題は，発生するのだろう？
これらの問題は解決できないのだろうか？

1 民族問題

　民族*とは，同じような歴史を背負い，同じような価値観をもっている人類集団で，強い**同胞意識**や**帰属意識**で結ばれています。民族と国家の関係って，いったいなんなんでしょうね。ヨーロッパの近代国家は，共通の文化・言語をもつ民族のまとまりから構成された**国民国家（民族国家）** を理想としてきました。つまり「1つの国家は，1つの民族から」ということです。でも，現実的にはありえない！　ほとんどの国が**多民族国家**です。

　*民族：文化的特徴で分類された人類集団で，言語，宗教，生活様式，歴史観などを同じくし，同胞意識，帰属意識によって結ばれている。

〔1〕**民族問題の背景**　**アフリカ**などで多くみられるのが，**ヨーロッパ列強による植民地支配**の影響です。**民族的なまとまりを無視**して境界線を引き，イギリス，フランスなどが支配し，その国境を独立時の国境に利用したため，国内に多くの少数民族が生まれてしまいました。つまり，「A国では，X族が多数派民族で，Y族が少数派民族だが，B国では，Y族が多数派民族で，X族が少数派民族だ」みたいなことが，あちこちで生じているのです。

〔2〕**さまざまな民族問題**　民族問題は，何らかの**歴史的背景**があって生じるものが多く，原因は複雑で，解決も容易ではありません。それぞれの民族には，それぞれの言い分がある。また，**東西冷戦***後は，民族紛争が各地で頻発し，**イスラーム原理主義****などの台頭や**テロリズム*****も横行しています。

*東西冷戦：第二次世界大戦後，世界がアメリカ合衆国をリーダーとする資本主義陣営とソ連をリーダーとする社会主義陣営に分かれて生じた対立。

**イスラーム原理主義：イスラームにもとづく政治・社会の建設を目指す運動。

***テロリズム：恐怖または不安を抱かせることによって，目的を達成することを意図しておこなわれる政治など主義主張にもとづく暴力的破壊活動。「テロ」と略されることが多い。

① **クルド人問題**　**クルド人***の居住地域は，トルコ，イラン，イラク，シリアなどにまたがっており，それぞれの国で少数民族となり，独立の機運はあるが，実現できていない。

*クルド人：インド・ヨーロッパ語族，インド・イラン語派に属するクルド語を使用し，イスラームを信仰する民族で，おもに山岳地帯のクルディスタン地方に居住している。オスマン・トルコ帝国に支配されていたが，第一次世界大戦後のオスマン・トルコ解体で分断された。

図1　クルド人の分布

[CIA 資料をもとに作成]

② **ルワンダ紛争**　アフリカ東部に位置する**ルワンダ**における**多数派の**フツと**少数派のツチ**の対立によって生じた紛争。1990年から1993年にかけて武力衝突や虐殺がおこなわれた。背景には，ベルギー領時代に少数派のツチを優遇し，ツチを支配層，フツを被支配層に分断したベルギーの政策の影響がある。

③ **ロヒンギャ問題**　ミャンマー西部のバングラデシュ国境付近に居住する**ムスリム**（**イスラーム教徒**）のロヒンギャをミャンマー政府が迫害・抑圧している問題。

④ **パレスチナ問題**　第二次世界大戦前，イギリスの委任統治領時代に，イギリスがユダヤ人とアラブ人に一貫性のない国家建設の約束をしたため，第二次世界大戦後，ユダヤ**人国家のイスラエルが独立**し，アラブ系パレスチナ人が難民化することによって，周辺のアラブ諸国へ流出。これを契機に**アラブ諸国とイスラエルが衝突**し，４度にわたる**中東戦争**が勃発。現在でも対立が続く（図2，図3）。

⑤ **コンゴ民主共和国内戦**　周辺諸国を巻き込んだ**コンゴ民主共和国**政府軍と反政府軍の武力衝突。反政府軍は，**レアメタル**を不法に採掘・密輸し，紛争資金を獲得。紛争に関連して不法に採取されたものを紛争鉱物という。

図2　パレスチナ紛争

［世界情報地図 2006 年ほか］

図3　イスラエルへの移住者とパレスチナ難民

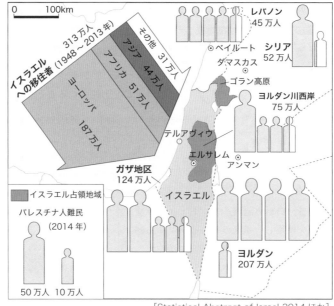

［Statistical Abstract of Israel 2014 ほか］

2 難民問題

　難民とは，**迫害，戦争，暴力などのために居住地（故郷）から逃れ，国外に脱出せざるを得なかった人々**です。故郷を離れ，国内の別の場所に逃れた人々は，国内避難民とよばれています。迫害，紛争，暴力，人権侵害などで，故郷を離れなければならなかった人々（難民＋国内避難民）は，8,000万人以上（2020年，UNHCRの資料による）にもなるのです。迫害を受ける理由はさまざまですが，**宗教，国籍，少数民族などを背景とするもの**が多いようです。

　難民の出身国としては，シリア，ベネズエラ，アフガニスタン，南スーダン，ミャンマーで，受け入れ国は**トルコ（シリアから）**が最も多く，**コロンビア（ベネズエラから）**，**ウガンダ（コンゴ民主共和国から）**，**パキスタン（アフガニスタンから）**など，**難民出身国の近隣諸国**が上位を占めていますが，ヨーロッパでは**ドイツの積極的な難民受け入れ**が目を引きます。UNHCR（**国連難民高等弁務官事務所**）*を中心に支援がおこなわれていますが，受け入れ国の負担増，受け入れ国での文化的摩擦など課題も多いようです。

　＊ UNHCR（The Office of the United Nations High Commissioner for Refugees：国連難民高等弁務官事務所）　難民や国内避難民の保護など，難民に関するさまざま問題を解決するための機関で，本部はジュネーヴ。国際平和維持活動（PKO）は，難民支援の役割も担っており，日本も参加している。

図4　国別・地域別難民発生数とおもな難民受け入れ国，第二次世界大戦後のおもな地域紛争

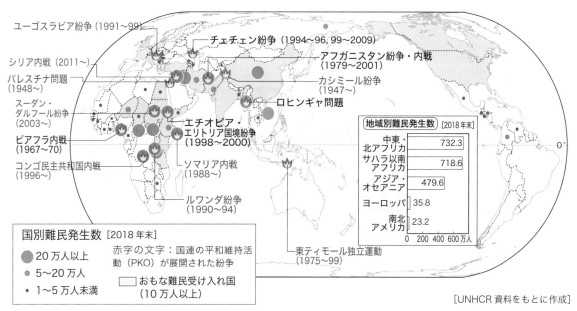

[UNHCR資料をもとに作成]

図5　地中海やバルカン半島からヨーロッパに流入する難民（2015年）

[UNHCR資料]

[第6節] **民族問題**

問1 次の文章中の空欄に適当な語句を入れなさい。

1 民族は，言語，宗教，歴史観などの ① 的特徴で分類された人類集団である。

2 近代ヨーロッパでは，1つの民族によって1つの国家を形成するという ② の理念が生まれた。

3 ③ 人は，トルコ，イラン，イラク，シリアなどにまたがって居住している民族で，それぞれの国で少数民族となっている。

4 東アフリカのルワンダでは， ④ の支配下の影響を受け，多数派の ⑤ と少数派の ⑥ との対立がみられる。

5 第二次世界大戦後，パレスチナに ⑦ 人国家のイスラエルが独立し， ⑧ 系パレスチナ人が周辺諸国で難民化した。

6 迫害，戦争，暴力などのために居住地から逃れ，国外に脱出せざるをえなかった人々を難民というが，国内の居住地以外の場所に逃れた人々を ⑨ という。

7 シリア難民の受け入れ国は ⑩ ，アフガニスタン難民の受け入れ国はパキスタンが多い。

8 ⑪ は，難民などの保護やさまざまな問題を解決する国際機関で，本部はジュネーヴに所在する。

問2 次の文章のうち，適当でないものをすべて選びなさい。

1 民族は強い同胞意識や帰属意識で結ばれていることが多い。

2 アフリカにおける民族問題の背景には，イギリス，フランスなどヨーロッパ諸国による植民地支配の影響がある。

3 ミャンマー西部に居住するヒンドゥー教徒のロヒンギャを，ミャンマー政府が迫害・抑圧していることが，大きな国際問題となっている。

4 レアメタルなどを不法に採掘・密輸し，紛争資金を獲得している地域・集団がみられるが，紛争に関連して不法に採取された資源を，「紛争鉱物」とよんでいる。

5 難民受け入れ国は，難民出身国の近隣諸国が多いが，ヨーロッパではドイツが，アジアでは日本が積極的に難民を受け入れている。

答え 問1 ① 文化　　　② 国民国家（民族国家）　　③ クルド　　　④ ベルギー

　　　　⑤ フツ　　　⑥ ツチ　　　　　　　　　⑦ ユダヤ　　　⑧ アラブ

　　　　⑨ 国内避難民　⑩ トルコ　　　　　　　　⑪ UNHCR（国連難民高等弁務官事務所）

　　問2　3（ロヒンギャはおもにイスラームを信仰）　5（日本は難民の受け入れが極めて少ない）

01 地球的課題への取り組み
地球的課題への取り組みは，みんなで力を合わせなければ，難しい！！！

1 開発と地球的課題

　第2章の第1節から第6節までのテーマで，じつにさまざまな問題が，地球やわれわれの生活を脅かしていることを学びました。**地球環境問題，資源・エネルギー問題，人口問題，民族問題，居住・都市問題，食料問題**などなど。交通通信の発達で，世界各地がより密接に結びつくようになり，ますます**グローバル化**が進んでいます。世界中の人々の生活が豊かになることはいいことですよね。でも，開発や工業化で豊かになり，便利になるいっぽうで，**地球の自浄能力や資源の利用には限界がある**ことがわかってきました。

2 地球的課題への取り組みと国際協力

　「1人1人がやれることを精一杯やること！」「各国ができることをやる！」ということはとっても大切なことです。でも，みんながそれぞれバラバラに，いろいろな方向に進むより，お互いに協力して，同じ方向を目指すと「すごいパワーに！」（図1→p152）。

〔1〕**国連人間環境会議**　1972年に**ストックホルム**（**スウェーデン**）で開催された，初の国連主催の本格的な環境会議。限りある地球（「**宇宙船地球号：Spaceship Earth**」）を環境破壊から守るため，「**かけがえのない地球（Only One Earth）**」をスローガンとするが，環境保全を求める先進国と経済発展を優先する発展途上国が対立。

〔2〕**環境と開発に関する国連会議（地球サミット）**　1992年に**リオデジャネイロ**（**ブラジル**）で開催。環境保全と経済発展の両立を目指す「**持続可能な開発（Sustainable Development）** *」が掲げられ，**気候変動枠組条約**や**生物多様性条約**が採択された。

　*持続可能な開発：国連では，「将来の世代の欲求を満たしつつ，現在の世代の欲求を満足させるような開発」と定義している。

〔3〕**持続可能な開発に関する世界首脳会議（第2回地球サミット）**　2002年に**ヨハネスバーグ**（**南アフリカ共和国**）で開催。「水と衛生設備」，「エネルギー」，「健康」，「農業」，「生物多様性」の5つの分野に重点を置く議論がなされたが，先進国と発展途上国の経済格差の拡大（**南北問題**），発展途上国間での経済格差拡大（**南南問題**）などが課題として残された。

〔4〕**国際機関，政府，企業，市民による国際協力**　発展途上国の経済の発展，環境保全，貧困の撲滅には援助が欠かせない。**援助・技術協力**には，政府がおこなうODA

（**Official Development Assistance**：政府開発援助）と企業・個人がおこなう**民間資金援助**がある。ODAは，おもに先進国が加盟するOECD（経済協力開発機構）によって発展途上国の経済発展や貧困削減などを目標におこなわれてきた。また，近年はある程度経済発展が進んだ新興国や発展途上国が，より経済発展が遅れた発展途上国を支援する南南協力やNPO（**Non-Profit Organization**：**民間非営利団体**），NGO（**Non-Governmental Organization**：**非政府組織**）などの民間組織による課題解決への活動も活発化している。

　世界中の国が集まれば，当然ですけど，それぞれの国の立場が違うので，意見が対立することもあります。もっともっと豊かになりたい国もある。でもむやみに開発を続けると，今はいいかもしれないけど，地球環境を破壊することによって，けっきょくは自分たちが苦しむことになる。難しいテーマですが，経済発展と環境保全とのバランスをとるための施策の1つがSDGs＊です。

　　＊ SDGs（Sustainable Development Goals）：「持続可能な開発目標」のことで，2015年の国連サミットで採択され，国連の全加盟国で「持続可能な社会」の実現に取り組むことが確認された。日本でも，SDGs達成に向けて，政府・自治体・企業による取り組みが積極的におこなわれている。

③ 持続可能な社会と SDGs

　限りある地球を次世代に引き継ぐためには，持続可能な社会を目指さなければなりません。SDGsでは，持続可能な社会を実現するため，2030年までに達成すべき17の目標と169のターゲットが定められました。「持続可能な社会」とは，『だれ1人取り残さない社会（**No one left behind**）』です。スローガンだけではなく，本気で取り組まなくては……。

図1　地球環境に関するおもな国際会議と条約

1971年	ラムサール条約（特に水鳥の生息地として国際的に重要な湿地に関する条約）
1972年	国連人間環境会議で「人間環境宣言」が採択。これを実施する機関として「国連環境計画（UNEP）設立
1973年	ワシントン条約（絶滅のおそれがある野生動植物の種の国際取引に関する条約）
1987年	オゾン層を破壊する物質に関するモントリオール議定書
1992年	生物多様性条約（モントリオール）
1992年	「アジェンダ21」が採択された**国連環境開発会議**（リオデジャネイロ，**地球サミット**）
1994年	国連砂漠化対処条約
1997年	地球温暖化防止に関する「京都議定書」
2002年	持続可能な開発に関する世界首脳会議（ヨハネスブルグ，**第2回地球サミット**）
2012年	国連持続可能な開発会議（リオデジャネイロ，「**リオ＋20**」）
2015年	地球温暖化対策の新しい枠組み「**パリ協定**」

図2　SDGsで定められた17の目標

第2章 地球的課題と国際協力 チェックテスト

[第7節] **持続可能な社会の実現を目指して**

問1 次の文章中の空欄に適当な語句を入れなさい。

1 1972年にスウェーデンの ① で開催された「 ② 」では，限りある地球を環境破壊から守ために，「 ③ 」がスローガンに掲げられた。

2 1992年にブラジルの ④ で開催された「環境と開発に関する国連会議・（ ⑤ ）」では，環境保全と経済発展の両立を目指す「 ⑥ 」が掲げられ，温暖化防止のための ⑦ や遺伝子資源の保護を目指す ⑧ が採択された。

3 2002年に南アフリカ共和国のヨハネスバーグで開催された「持続可能な開発に関する世界首脳会議」では，先進国と発展途上国の経済格差問題である「 ⑨ 」と発展途上国間の経済格差問題である「 ⑩ 」が課題として残された。

4 援助や技術協力には，政府がおこなう ⑪ と企業や個人がおこなう民間資金援助がある。

5 ある程度経済発展が進んだ新興国や発展途上国が，より経済発展が遅れた発展途上国を支援することを「 ⑫ 」といい，近年は積極的におこなわれている。

6 SDGsは，「 ⑬ 」のことで，国連の全加盟国で実現に取り組むことが確認されている。

答え **問1** ① ストックホルム　　② 国連人間環境会議　　③ かけがえのない地球（Only One Earth）

④ リオデジャネイロ　　⑤ 地球サミット　　⑥ 持続可能な開発（Sustainable Development）

⑦ 気候変動枠組条約　　⑧ 生物多様性条約　　⑨ 南北問題

⑩ 南南問題　　⑪ ODA（政府開発援助）　　⑫ 南南協力

⑬ 持続可能な開発目標

瀬川先生からひと言

　地形や気候などの自然環境と，われわれの生活って切っても切り離せないくらい関係性が大きいことを実感してもらえましたか？

　それにしても世界にはさまざまな地形，気候，文化などの地理的環境が存在しているのですから，世界中の人々の生活が多様性に満ちているのも納得ですね。

　ただ「いろいろな生活文化が存在する」ということを知るだけでなく，その背景を学ぶと，とてつもなく地理を学ぶ楽しさが大きくなり，地理の奥深さに感動します！

　第3編では，日本の自然環境と防災を中心に，「持続可能な地域づくり」について学びましょう！

第3編

持続可能な
地域づくりとわたしたち

第1章 自然環境と防災

日本の自然環境の特色を学び，自然災害に強くなりましょう！

第1節 日本の自然環境の特色

01 日本の地形
日本の国土面積は狭いようで，世界で61番め！
日本の地形の特色をしっかりとらえよう！

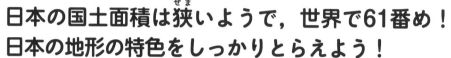

1 プレートの動きと日本列島

日本列島*は，**4枚のプレートの境界**付近に位置しています。図1のように大陸プレートの**ユーラシアプレート**と**北アメリカプレート**の下に，海洋プレートの**太平洋プレート**と**フィリピン海プレート**が沈み込んでいますね。ちょうどプレートの**せばまる境界****に位置する**変動帯*****にあたります。プレートの移動により日本列島に加わった圧縮が，多くの山地や山脈を形成しました。だから**日本の国土は山がち**なのです！

*日本列島：ユーラシア大陸の東に位置する弧状列島（島弧）で，北海道，本州，四国，九州の4島と付随する島々，南西諸島，千島列島を含む。

**せばまる境界：プレートが近づくことによって形成される境界で，大陸プレート同士が衝突するタイプ（衝突型）と海洋プレートが他のプレートに沈み込むタイプ（沈み込み型）があり，前者では大山脈が，後者では海溝に沿って弧状列島などが形成される（→ p52）。

***変動帯：プレート境界に対応し，起伏の変動，地震，火山活動などの地殻変動が活発な地域。プレートの「せばまる境界」は，新期造山帯にあたる（→ p53）。

〔1〕**地震** 太平洋プレートが北西方向に進み，他のプレートを押すことによって，日本列島は圧縮され，**プレート境界やプレート内部で地震が発生**。

〔2〕**火山** 海洋プレートが沈み込み，ある一定の深度に達すると**マグマ**が発生し，上昇したマグマによって**火山が形成**。**海溝にほぼ並行して形成される火山列を火山前線***とよぶ。

*火山前線：火山地域と非火山地域の境界で，火山フロントともいう。日本列島を縦断するようにのびており，火山前線と海溝の間にはほとんど火山が形成されない。

例 四国や紀伊半島には火山が分布していない。

2 日本列島の地形の特色

　地図帳で，日本地図を眺めると，「ほとんど茶色だ！」って感じると思います。ところがパラパラっとめくってヨーロッパを見るとほとんど緑。茶色（標高が高い）は山地や丘陵，緑（標高が低い）は平野……。

　日本の国土は，約70%が山地と丘陵（きゅうりょう）です。だからヨーロッパなんかと比べると，人々が生活したり，経済活動をおこなったりできる平野が，まったくもって少ない！！！　これでは，国土を上手に使うしか対抗できませんよねぇ。

　日本の国土は，フォッサマグナ（大地溝帯（だいちこうたい））と中央構造線によって，**東北日本，西南日本内帯，西南日本外帯**の3つに大きく分けられます。小中学校でも学んだフォッサマグナ，中央構造線って覚えてますか？

〔1〕**フォッサマグナ（Fossa magna）** 　**北アメリカプレートとユーラシアプレートの境界**にあたる大断層帯（だいだんそうたい）（構造線）で，**西縁**が**糸魚川（いといがわ）・静岡構造線（しずおかこうぞうせん）**。周辺は起伏量が大きく，西には日本アルプス，南端付近には火山の富士山がそびえる。フォッサマグナにより，東北日本と西南日本に分けられ，東北日本には多くの山地，火山が連なるが，**関東平野**のような大規模な台地・平野なども発達する。

〔2〕**中央構造線**　**西南日本を南北に分ける構造線**で，北は西南日本内帯，南は西南日本外帯に分けられる。**内帯は低くなだらかな地形**が広がるが，**外帯は高く険しい地形**が発達し，西日本の大都市はすべて西南日本内帯に立地している。

　次は，**海底の地形**にも注目してみましょう！　日本列島周辺の大陸棚（たいりくだな）はあんまり広くないですね。海は全体としてけっこう深いです。特に，プレート境界に沿う海溝はかなり深く，地震の発生域でもあります。

〔3〕日本付近のおもな海溝（トラフ*）（図1）

① **千島・カムチャツカ海溝**　太平洋プレートが北アメリカプレートに沈み込むところに形成。カムチャツカ半島南部から千島列島に沿う海溝で，最大深度は9,500mを超える。

② **日本海溝**　**太平洋プレートが北アメリカプレートに沈み込む**ところに形成。東日本に沿う太平洋沖に分布し，最大深度は8,000mを超える。付近を震源に，**東北地方太平洋沖地震**（2011年）などの海溝型地震が頻発（ひんぱつ）。

③ **相模トラフ**　**フィリピン海プレートが北アメリカプレートに沈み込む**ところに形成。関東地方の南方沖に位置し，関東地震（1923年，関東大震災）などの大地震が頻発。

図1　日本列島の地形構造

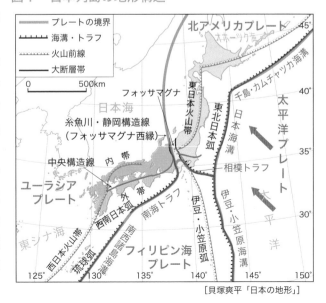

[貝塚爽平「日本の地形」]

④ 伊豆・小笠原海溝　太平洋プレートがフィリピン海プレートに**沈み込む**ところに形成。最大深度9,800m以上と極めて深く，世界で最も深いマリアナ海溝へ連なる。

⑤ 南海トラフ　**フィリピン海プレートがユーラシアプレートに沈み込む**ところに形成。四国の南方沖に位置し，近い将来における巨大南海トラフ地震の発生が危惧（き ぐ）されている。

⑥ 琉球（りゅうきゅう）（南西諸島（なんせいしょとう））海溝　**フィリピン海プレートがユーラシアプレートに沈み込む**ところに形成。南西諸島の東方沖に位置。

＊トラフ：水深が6,000m未満の海底盆地で，日本周辺のトラフは海溝と成因が同じ。海溝は水深6,000m以上の溝状の谷。

③ 日本列島の平野と川

　日本の河川は，水源から海までの高低差が大きく，**勾配（こうばい）が急**です。図2のように，世界の河川と比べるとまるで滝みたい！　降水量も多く，まとまった降水がみられるため，**河川は山地をすごい勢いで侵食**していきます。

　山地には**V字谷**が形成され，運搬された土砂は堆積してさまざまな**沖積平野**（ちゅうせきへい や）＊を形成します。われわれは，ここに農地を成立させ，都市を発達させてきたんですね。

図2　おもな河川の勾配

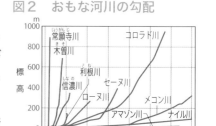

[国土交通省資料]

　海岸部にもいろいろな地形がみられます。**岩石海岸**もあれば，**砂浜海岸**もあるし，**海岸平野**（かいがんきゅう）＊＊や**海岸段丘**もあれば，**リアス海岸**＊＊＊も発達しているところがあります。

＊沖積平野：河川の堆積作用により，形成された平野。山麓（さんろく）には扇状地（せんじょうち），中下流には氾濫原（はんらんげん），河口付近には三角州を形成。

＊＊海岸平野：砂の堆積物（たいせきぶつ）からなる浅海底（せんかいてい）が離水（りすい）（隆起（りゅうき））して形成された海岸地形で，九十九里（く じゅう く り）平野が代表的。

＊＊＊リアス海岸：V字谷をもつ険しい山地が沈水して形成された出入りに富む海岸で，三陸海（さんりく）岸などで発達。湾内は波が穏やかなため，水産養殖（ようしょく）が盛ん。

図3　日本列島の山脈と河川

[『日本の自然』をもとに作成]

02 日本の気候
日本の国土は南北に長く，気候の地域差が大きい！
日本各地における気候の地域差はどうして生じるんだろう？

① 日本の気候の特色

　日本は，南米のチリほどではないですが，**南北に細長い国土**が広がっています。最も高緯度に位置する北海道は，冬季寒冷な Df（亜寒帯湿潤気候）ですが，北海道を除くほとんどの地域が Cfa（温暖湿潤気候）です。でも同じ温帯とはいえ，東北，北陸と南九州，南西諸島はとても同じ気候帯とは思えないほど，気温や降水量の季節変化には大きな違いがあります。だから，国内旅行をすると楽しいんですけどね。

　夏季は南東季節風により，温暖で湿潤な小笠原気団*（熱帯気団）の影響を受け，**冬季は北西季節風**により，寒冷で乾燥したシベリア気団（寒帯気団）の影響を受けます。このため，ヨーロッパや北アメリカの同緯度西岸の地域に比べ，かなり**気温の年較差が大きく**なるのです。

*気団：同じような性質をもつ空気のかたまり。

図1　日本付近の気団

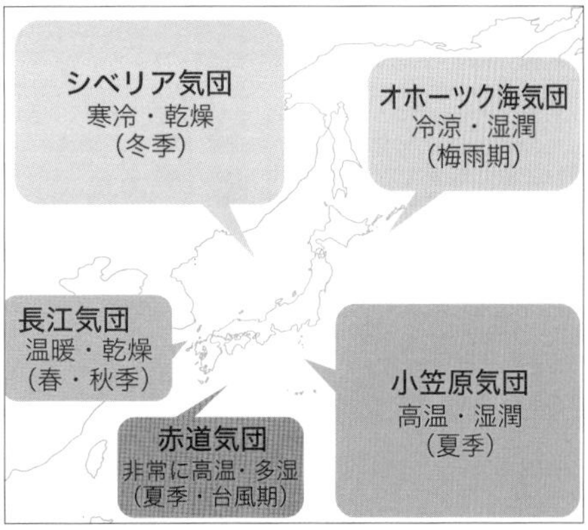

- シベリア気団 寒冷・乾燥（冬季）
- オホーツク海気団 冷涼・湿潤（梅雨期）
- 長江気団 温暖・乾燥（春・秋季）
- 小笠原気団 高温・湿潤（夏季）
- 赤道気団 非常に高温・多湿（夏季・台風期）

② 明瞭な季節変化

　日本は，地形的にはプレート境界に位置しているため，地殻変動が活発でしたね。気候的にも**さまざまな気団の境界**となるため，低気圧や前線の影響を受けやすく，**気温だけでなく降水量の季節的変化もかなり大きい**のです。

　われわれは，世界でもまれにみる変化に富む国に住んでいるんですね～。

〔1〕**春**　本州付近をたびたび低気圧が通過するため，**三寒四温***とよばれるように，ひと雨ごとに暖かくなる。ユーラシア大陸から偏西風に運搬され移動してくる温暖で乾燥した**長江気団**によって，さわやかな晴天がもたらされる。

*三寒四温：晩冬から初春にかけて，寒い日が3日続くと，その後4日ほど暖かい日が続き，再び寒くなるという現象。日本や朝鮮半島などでみられる。

〔2〕**夏**　小笠原気団*の北上によって，日本付近に発達するオホーツク海気団**との間にできた停滞前線（梅雨前線）が北上し，**南西諸島では5月，九州，四国，本州では6月に梅雨入り**する。同じころ，**東北地方から北海道の太平洋岸**では，北東風の**やませ*****が吹き，曇天とともにやや気温が低下する。7月下旬にはほとんどの地域で**梅雨明け**し，その後は小笠原気団に覆われ，真夏の厳しい暑さに見舞われる（図1）。

*小笠原気団：高温多湿な熱帯海洋性気団で，小笠原高気圧（太平洋高気圧）を構成している。

**オホーツク海気団：冷涼多湿な寒帯海洋性気団で，オホーツク海高気圧を構成している。

***やませ：オホーツク海高気圧が優勢な際，東日本に吹きつける北東風（気流）で，寒流の親潮（千島海流）の上空を通過するため冷涼湿潤。そのため，太平洋側の水稲などの農作物の生育に影響を与える（冷害）。

〔3〕秋　小笠原気団の南下により，**シベリア気団** * が優勢になると，9月〜10月には2つの気団の境界で停滞前線（秋雨前線）が発達し，雨をもたらす。さらに，台風もしばしば襲来し，秋雨前線と相まって大雨となることもある（図2）。

＊シベリア気団：冬季にユーラシア大陸で発達する寒冷乾燥した寒帯大陸性気団で，シベリア高気圧を構成している。

〔4〕冬　ユーラシア大陸上のシベリア気団が優勢になり，大陸から吹き出す寒冷で乾燥した北西季節風が日本に吹きつけるが，**日本海上で暖流の対馬海流から大量の水蒸気を供給され雪雲が発生**するため，北陸，山陰などの**日本海側では多量の降雪に見舞われる**（図3）。いっぽう，**太平洋側**には雪を降らせた後の乾燥した季節風が吹き下ろすため，**晴天の多い日が続く**。

図2　台風の平均月別接近・上陸数

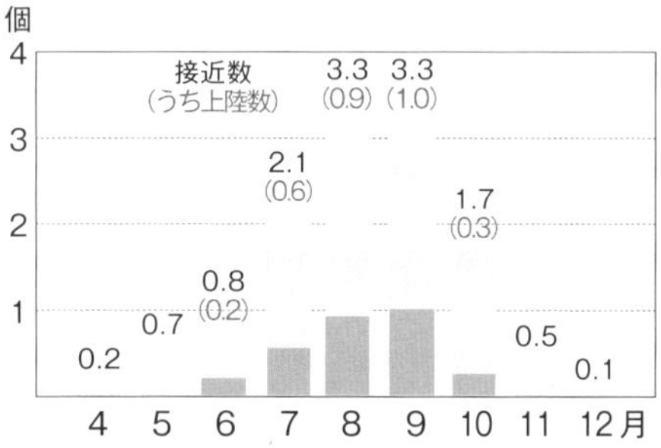

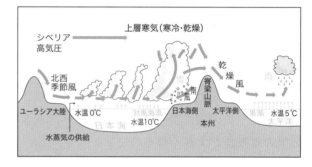

＊ 1991 〜 2010 年の平均値　［気象庁資料］

図3　日本列島の冬の気候

3　日本の気候区分

北海道の Df（亜寒帯湿潤気候）を除くほぼ全域が Cfa（温暖湿潤気候）ですが，ケッペンの気候区分だけでは，日本の気候の地域差を理解するのは難しいです。そこで生まれたのが，日本独自の気候区分！（図4）

〔1〕北海道の気候　**冬季の寒さは厳しく，夏季は涼しい**です。年間を通じて降水量が少なく，梅雨がありません。日本で，**梅雨がないのは北海道と小笠原諸島だけ！！！**

〔2〕日本海側の気候　**冬季の北西季節風**が日本海上で水蒸気を供給され，山脈にぶつかるため，**冬季の降雪・降水が多い**です。特に**北陸，山陰の豪雪**はすごい！！！　夏季は，降水もみられますが，比較的晴

図4　日本の気候区分

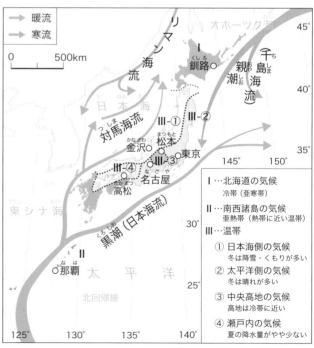

［『理科年表 2020』をもとに作成］

天に恵まれます。

〔3〕**太平洋側の気候**　**夏季の南東季節風の影響で降水が多く**，蒸し暑いです。冬季は乾燥した北西季節風の影響で，さわやかな**晴天が多い**のが特徴ですね。梅雨や台風の影響をうける九州南部，四国南部，紀伊半島南部では6〜9月の降水量がすごく多いです。年降水量が4,000mmを超える地域もあるんですよ。**日本の年平均降水量は1,800mm**程度なのに……。

〔4〕**中央高地の気候**　**気温の年較差が大きく**，夏季は高温，冬季は低温になります。日本アルプスにはさまれ，水蒸気の供給量が少ないことから，**年降水量も少なめ**です。

〔5〕**瀬戸内の気候**　**夏季の南東季節風を四国山地が**，**冬季の北西季節風を中国山地が遮る**ため，年間を通じて**降水量が少なく**，晴天に恵まれます。

〔6〕**南西諸島の気候**　温帯ですが，熱帯に近い**亜熱帯性の気候**が特徴です。年間を通じて高温多雨で，奄美諸島は特に降水量が多いですね。

図5　日本各地の気温と降水量の平年値（1991〜2020年の平均）

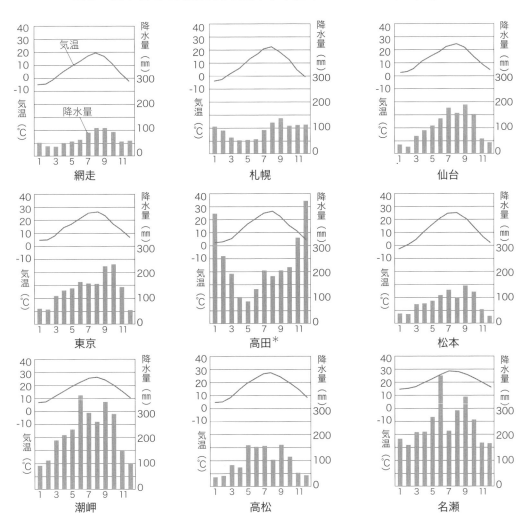

＊上越市（新潟県）南部

[『日本国勢図会 2022/23』]

第1章 自然環境と防災 **チェックテスト**

[第1節] 日本の自然環境の特色

問1 次の文章中の空欄に適当な語句を入れなさい。

1 日本列島は，海洋プレートの ① プレートとフィリピン海プレートが，大陸プレートの
北アメリカプレートと ② プレートに沈み込む「 ③ 境界」に位置している。

2 海溝にほぼ並行して形成される火山列を ④ とよび，火山地域と非火山地域の境界と
なっている。

3 日本の国土は，約 ⑤ ％を山地と丘陵が占めている。

4 日本の国土は， ⑥ によって東北日本と西南日本に分かれ， ⑥ の西縁を
⑦ とよび，西には ⑧ ，東には富士山がそびえる。

5 日本海溝は ⑨ プレートが ⑩ プレートに，南海トラフは ⑪ プレートが
⑫ プレートに沈み込むところに形成されている。

6 日本の気候は，ケッペンの気候区分によると北海道が ⑬ ，北海道を除くほとんどが
⑭ になる。

7 夏季は， ⑮ 気団の北上で，日本付近に発達するオホーツク海気団との間に ⑯
前線の梅雨前線が形成され，南西諸島では ⑰ 月，九州，四国，本州では6月に梅雨入り
する。

8 秋季は， ⑱ の発達で雨をもたらし，さらに ⑲ もしばしば襲来するため，大雨
となることもある。

9 冬季は， ⑳ 気団が優勢になり，ユーラシア大陸から ㉑ 季節風が吹きつける
が，日本海上で ㉒ から水蒸気を供給されるため雪雲が発生し，日本海側に多量の降雪
をもたらす。

10 瀬戸内地方は，夏季の季節風を ㉓ 山地が，冬季の季節風を ㉔ 山地が遮るた
め，降水量がやや少なく，晴天の日が多い。

問2　次の文章のうち，適当でないものをすべて選びなさい。

1　太平洋プレートが北東方向に進むため，日本列島は圧縮され，プレート境界やプレート内部で地震が発生する。

2　中央構造線は，おもに西南日本を南北に分ける構造線で，北の内帯は高く険しい地形が発達し，南の外帯は低くなだらかな地形が広がる。

3　相模トラフは，フィリピン海プレートが北アメリカプレートに沈み込むところに形成され，付近では関東地震（関東大震災）を発生させた。

4　日本の河川は，世界の河川と比べると水源から海洋までの高低差が小さく，河川勾配も小さい。

5　日本は，ヨーロッパや北アメリカの同緯度大陸西岸に比べ，気温の年較差が大きい。

6　初夏の梅雨期に，オホーツク海高気圧（気団）が優勢になると，北東風のやませが発達し，日本海側に冷害をもたらすことがある。

7　冬季には，日本海側で雪を降らせた乾燥風が，太平洋側に吹き下ろすため，関東地方などでは晴天に恵まれる。

8　北海道と小笠原諸島では，梅雨がみられない。

答え　問1　① 太平洋　　② ユーラシア　　③ せばまる　　④ 火山前線（火山フロント）

　　　　　⑤ 70　　⑥ フォッサマグナ（大地溝帯）　⑦ 糸魚川・静岡構造線　⑧ 日本アルプス

　　　　　⑨ 太平洋　　⑩ 北アメリカ　　⑪ フィリピン海　　⑫ ユーラシア

　　　　　⑬ Df（亜寒帯湿潤気候）　　⑭ Cfa（温暖湿潤気候）　　⑮ 小笠原

　　　　　⑯ 停滞　　⑰ 5　　⑱ 秋雨前線　　⑲ 台風

　　　　　⑳ シベリア　　㉑ 北西　　㉒ 暖流（対馬海流）　　㉓ 四国

　　　　　㉔ 中国

　　　　問2　1（北東ではなく，北西）

　　　　　　2（内帯は低くなだらか，外帯は高く険しい）

　　　　　　4（高低差は大きく，河川勾配も大きい）

　　　　　　6（冷害はおもに太平洋側で発生）

01 地震災害・津波災害

日本列島は，地震の多発地帯だ。世界にはほとんど地震が起きないところがあるのに，どうして日本はこんなに地震が多いのだろう？

1 地震の種類と津波

　地震は，世界中どこにいても発生する可能性がありますが，「生まれてから高校3年生まで，一度も地震を感じたことない！」っていうところから，日本のように頻繁に地震を体感するところまでさまざま！（図1）

　日本のようにプレート境界付近に位置している国・地域では，地震が頻発します。プレートが動くことで，プレート境界やプレート内部にひずみがたまり，そのパワーが**地殻***を破壊するのです。このときに岩石がずれる**断層運動**が起こり，岩石が破壊されたり，ずれたりした際の震動が地震なのです。

　地震の規模を示す指標として，「マグニチュード（M）」と「震度」って聞いたことあるでしょう？　**マグニチュードは震源の破壊やずれの規模，震度は地上での揺れの規模を示**しているのです。

　*地殻：地球の表層部で，花崗岩と玄武岩からなる。

〔1〕**プレート境界地震**　おもに海溝付近で生じるため，海溝型地震（プレート境界地震）とよばれる。震源が深く，**津波***が発生することがある。2011年，日本海溝付近で発生した東北地方太平洋沖地震（**M9.0**）では，東北地方を中心に北海道から関東地方にかけて津波が到達し，壊滅的な被害をもたらした（東日本大震災）。

　*津波：地震発生による海底の隆起・沈降により，周辺の海水が局地的に上昇する現象。東北地方太平洋沖地震では，40m以上の高さまで遡上した地域がみられた。リアス海岸の湾奥では，海面が著しく上昇するため，極めて危険。

〔2〕**プレート内地震**　プレート内の活断層の動きで発生する地震で，陸側のプレート内で発生する地震は，内陸直下型地震（プレート内地震）とよばれる。比較的震源が浅い場合には，震度が強く被害が大きくなる。1995年，神戸市付近を中心に発生した兵庫県南部地震は，建物，高速道路の倒壊やライフライン*を切断し，甚大な被害をもたらした（阪神・淡路大震災）。

　*ライフライン：人々の生活に欠かせないガス管，送電線などのエネルギー施設，上下水道などの水供給施設，道路・鉄道などの交通施設，情報通信施設などのこと。地震などの自然災害で，ライフラインが切断されると，被害が拡大する。

2 液状化

　最近は，「液状化」という用語も一般的になりましたね。**地盤が液体状になってしまう**

現象で，地震の際にたくさんの水を含んだ砂質の地盤が，まるで液体のような性質になってしまうのです。すると，地盤沈下や変形により**建築物が倒壊**したり，地下のマンホールや水道管などが浮き上がってしまいます。1964年の**新潟地震**，2011年の東北地方太平洋沖地震，2018年の**北海道胆振東部地震**などで液状化が発生しました。**埋め立て地や三角州**などは，**地盤が軟弱なため液状化が起きやすい**ので，十分な注意が必要です。

③ 地震の被害とその対策

　日本は，古くからわれわれが日々感じるような小規模な地震から，歴史に残る大地震までを経験してきました。特に**プレート境界地震による津波**は，沿岸部を中心になんども大きな被害をもたらしていて，津波の高さを示す石碑などが日本各地に残されています。これらは，自然災害伝承碑（）として国土地理院の地形図にも記されています。

　また，日本海溝や南海トラフ（図3→p166）などでは，ある一定の期間をおいて大地震や巨大地震が発生してきます。ということは，「**近い将来再び大地震に見舞われるかもしれない！**」ということで，ハザードマップ（防災地図）**の作成・活用**（図5→p166）**や避難経路の確立，危険度の高い土地の利用規制，耐震強度をもった構造物の建設**など十分な対策が必要になります。やっぱり，**低地はさまざまな水害が生じやすく，山地や丘陵は斜面崩壊などの土砂災害**に見舞われやすい！ 人工的に盛り土*されたところはなおさらです（図4→p166）。

　＊盛り土：低い地盤や斜面などに，土砂を盛ることによって平坦な地表をつくること。逆に，高い地盤や斜面などに，土砂を切り下げて平坦な地表をつくることを切り土という。

図1　日本のおもな震源と活断層の分布

おもな地震［1900〜2018年］
- ⬤ マグネチュード 8.0以上
- ◯ マグネチュード 7.5〜8.0
- ○ マグネチュード 7.0〜7.5
- ◦ マグネチュード 7.0未満のおもな地震
- — おもな活断層

北海道胆振東部地震（2018年）
北アメリカプレート
新潟地震（1964年）
新潟県中越地震（2004年）
十勝沖地震（1952年）
ユーラシアプレート
福井地震（1948年）
三陸沖地震（1933年）
東北地方太平洋沖地震（2011年）
兵庫県南部地震（1995年）
熊本地震（2016年）
三河地震（1945年）
関東地震（1923年）
太平洋プレート
南海地震（1946年）
フィリピン海プレート
0　400km

［『理科年表2020』］

図2　日本のおもな地震災害

	地震の名称	年	マグニチュード	死者・行方不明者数
プレート境界地震	関東地震（関東大震災）	1923	7.9	約105,000
	東南海地震	1944	7.9	1,251
	南海地震	1946	8.0	1,443
	十勝沖地震	1952	8.2	33
	十勝沖地震	1968	7.9	52
	宮城県沖地震	1978	7.4	28
	東北地方太平洋沖地震（東日本大震災）	2011	9.0	22,252
プレート内地震	北丹後地震	1927	7.3	2,925
	三陸沖地震	1933	8.1	3,064
	三河地震	1945	6.8	2,306
	福井地震	1948	7.1	1,769
	新潟地震	1964	7.5	26
	北海道南西沖地震	1993	7.8	230
	兵庫県南部地震（阪神・淡路大震災）	1995	7.3	6,473
	新潟県中越地震	2004	6.8	68
	岩手・宮城内陸地震	2008	7.2	23
	熊本地震	2016	7.3	273
	北海道胆振東部地震	2018	6.7	42

［防災白書（令和元年度版）］

図３　南海トラフを震源とする地震の周期性

写真１　地震により倒壊した建物(熊本市)

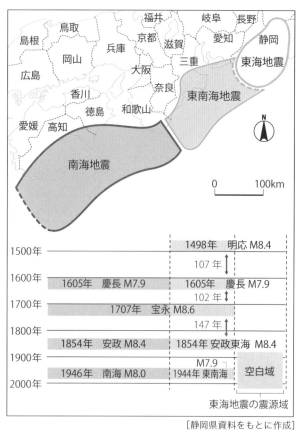

[静岡県資料をもとに作成]

1500年		1498年　明応 M8.4
		107 年 ↕
1600年	1605年　慶長 M7.9	1605年　慶長 M7.9
		102 年 ↕
1700年	1707年　宝永 M8.6	
		147 年 ↕
1800年	1854年　安政 M8.4	1854年 安政東海 M8.4
1900年		M7.9 空白域
2000年	1946年　南海 M8.0	1944年 東南海

東海地震の震源域

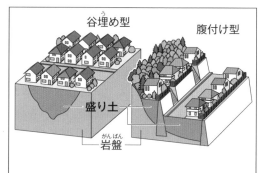

写真１　地震により倒壊した建物(熊本市)

図４　盛り土造成地

谷埋め型　　　　腹付け型

盛り土

岩盤(がんばん)

[国土交通省資料をもとに作成]

図５　ハザードマップの例（東京の液状化予測図　令和３年度改訂版）

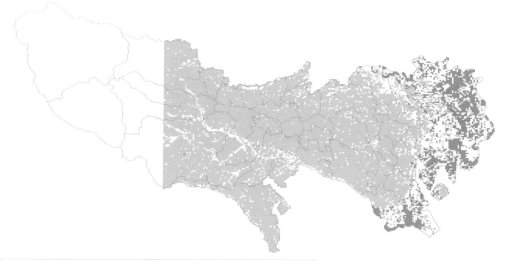

- 多摩西部の着色されていない地域は、液状化しにくい台地・丘陵地が大部分のため、液状化予測の対象外としています。
- 本図は、首都圏直下地震など特定の地震に対する液状化の可能性を示したものではなく、東京都全域の地下を一律の強さで揺らしたときの液状化の可能性を相対的に示したものです。
- 本図は、個人での調査が難しい液状化発生の目安を示すことが目的であり、その場所が「絶対に液状化にする・しない」と断定するものではありません。「液状化の可能性が低い地域」であっても、都として液状化が発生しないことを保証するものではありません。

液状化の可能性が高い地域
液状化の可能性がある地域
液状化の可能性が低い地域

[東京都の HP をもとに作成]

02 火山の災害と恵み
日本は，世界でも有数の火山国だ。
火山災害には十分な対策が必要だが，
火山の恵みには感謝！！！

1 火山と火山災害

　火山は，地震と違ってどこにでもあるものではありませんよね。たぶん，ほとんどの高校生は，「わたしの住んでいる都道府県には火山があります。○○山が有名です！」とか「近隣に火山があるなんて，聞いたこともないけど，確か隣りの県には○○山があったはず」みたいな感じだと思います。つまり，かなり**地域差がある**んですね。

〔1〕**火山分布**　日本では，東日本火山前線沿い，西日本火山前線沿い，そしてフォッサマグナ周辺から**伊豆・小笠原諸島**にかけて分布しています。特に，p157の図1を見ると東日本火山前線と西日本火山前線は，それぞれ**海溝にほぼ並行して火山が噴出**しているのがよ〜くわかりますよね。

　火山は，マグマが地上まで上昇して，地上で噴出して形成されます。日本には過去1万年以内に噴火があった**活火山**が111もあるのです（図1）。これは，世界でもインドネシアと並んでトップクラス！　そして，その火山はさまざまな自然災害をもたらします。

第3編　持続可能な地域づくりとわたしたち

図1　日本のおもな活火山

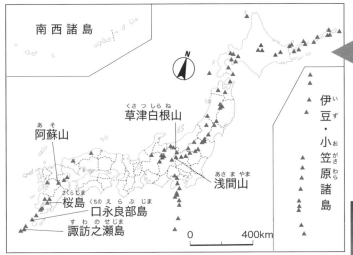

南西諸島

草津白根山

阿蘇山

浅間山

桜島
口永良部島
諏訪之瀬島

伊豆・小笠原諸島

0　　　400km

[気象庁省資料をもとに作成]

📍 **日本の火山のポイント！**

日本の活火山は，火山前線付近（p157の図1）に多く分布していることが読みとれます。そして，西日本火山前線から太平洋側には活火山がありません。四国や紀伊半島に活火山がないことも一目瞭然！！

写真1　阿蘇山の火口

〔2〕**火山災害**　火山噴火の規模の大小によって，被害の大小は異なります。近年は，噴火警報の発表やハザードマップを利用した噴火に対する**避難訓練**などによって，火山との共存を目指しているのです（図2）。

① **火山灰**　降灰による農地の被害や家屋の倒壊，火山灰の浮遊で太陽光が遮られることによる異常気象。

② **溶岩流**　**高温の溶岩が流下し，建造物や農地を破壊。**

③ **火砕流**　**高温のガスを含む火山噴出物が高速で流下し，周囲を焼き尽くす。**

④ **火山泥流**　山地に堆積した**火山灰や火山岩などが，降雨によって土石流となって流下し，**家屋や建造物を破壊（写真2）。

⑤ **山体崩壊**　**火山体の一部が大規模に崩壊し，**山麓に向かって岩なだれ（岩屑なだれ）が発生。

図2　ハザードマップの例

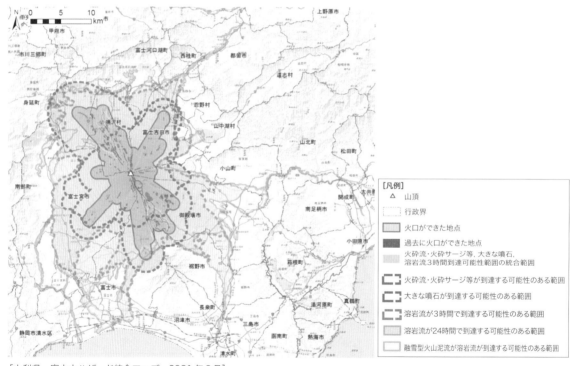

［山梨県　富士山ハザード統合マップ　2021年3月］

写真2　土石流の被害
（土石流被災家屋保存公園・長崎）

2 火山の恵み

火山がもたらすのは災害だけではありません。火山がなかったら，日本の豊かさはなかったかもしれないっていうくらい**多くの恵み**を与えてくれています。

ところで，「**世界ジオパーク**」って聞いたことありますか？ UNESCO（国連教育科学文化機関）が**地球科学的な価値をもつ遺産を保護し**，これらがもたらす自然環境や文化への理解を深めようというものです。日本では，**洞爺湖・有珠山（北海道）**，**雲仙・普賢岳を含む島原半島（長崎）**，**阿蘇（熊本）** などが火山をテーマとして認定されています。

〔1〕**火山地形と景観**　火山活動による独特で**雄壮な火山地形**や**カルデラ湖***などは貴重な**観光資源**（写真1）。

*カルデラ湖：火山噴火によって形成された大規模な凹地に，水がたまってできた湖。

〔2〕**温泉**　火山地帯の高い地熱が地下水を温めて形成。**憩いの場**であり，重要な**観光資源**（写真2）。

〔3〕**地熱**　地熱発電は，**再生可能エネルギー**として極めて有望。日本の火山地域は，ほとんどが**国立・国定公園**に指定されているため，**経済活動の規制**などで地熱発電所の建設はあまり進んでいない（図1）。

〔4〕**有用な金属鉱床**　マグマに融かし込まれた金，銀，銅などの**金属資源**が火山活動により，**地表付近に上昇し鉱床を形成**。

〔5〕**肥沃な火山性土壌**　火山灰の堆積後，時間の経過とともに多くの腐植を含むと，**火山灰起源の肥沃な土壌**を形成。

〔6〕**豊富な地下水**　火山麓の堆積物は，透水性が高いため，**火山麓では豊富な地下水を埋蔵**。

写真1　カルデラ湖（洞爺湖・北海道）

写真2　温泉（雲仙温泉・長崎）

図1　日本の地熱発電所の分布（2023年）

*出力 kW 以上

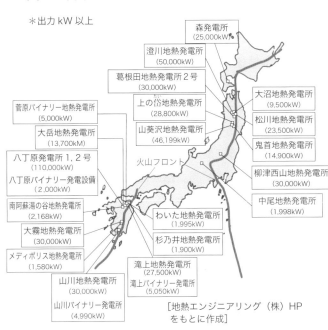

森発電所（25,000kW）
澄川地熱発電所（50,000kW）
葛根田地熱発電所2号（30,000kW）
上の岱地熱発電所（28,800kW）
菅原バイナリー地熱発電所（5,000kW）
山葵沢地熱発電所（46,199kW）
大岳地熱発電所（13,700kM）
八丁原発電所1,2号（110,000kW）
八丁原バイナリー発電設備（2,000kW）
南阿蘇湯の谷地熱発電所（2,168kW）
大霧地熱発電所（30,000kW）
メディポリス地熱発電所（1,580kW）
山川地熱発電所（30,000kW）
山川バイナリー発電所（4,990kW）
わいた地熱発電所（1,995kW）
杉乃井地熱発電所（1,900kW）
滝上地熱発電所（27,500kW）
滝上バイナリー発電所（5,050kW）
大沼地熱発電所（9,500kW）
松川地熱発電所（23,500kW）
鬼首地熱発電所（14,900kW）
柳津西山地熱発電所（30,000kW）
中尾地熱発電所（1,998kW）
火山フロント

［地熱エンジニアリング（株）HPをもとに作成］

03 気象災害

日本列島各地では，頻繁に気象災害に見舞われる。
気象災害はいつごろ，どのような災害をもたらす
のだろう？

1 冬季の季節風

　冬季には，ユーラシア大陸で発達したシベリア気団が強くなり，「西高東低」の冬型気<ruby>せいこうとうてい<rt></rt></ruby>圧配置になります。すると，寒冷な北西季節風の影響で雪雲が発生し，**日本海側を中心に大量の雪**が降ります。実際に経験したり，メディアなんかでもよく目にする光景ですね。大雪は，**交通障害，落雪，家屋や送電塔の倒壊，雪崩**などを引き起こし，暴風雪になると**ホワイトアウト***が発生するのです。

　北海道，東北，北陸，山陰などの多雪地域では，長い間「雪」と戦ってきました。落雪の被害を防ぐため，家の軒を長くしたり，**地吹雪******よけの防雪柵**，**路肩を示す標識**（積雪により，どこまでが道路かわからなくなるため），**消雪パイプ**（路面へ地下水を散布し除雪，融雪）などさまざまな工夫がおこなわれています。北西季節風が弱まり，本州の南側を南岸低気圧が通過すると，太平洋側内陸部でも大雪を降らせることがあります。これらの地域は，北陸，山陰のような多雪・豪雪地域ではないので，日ごろからあまり雪に慣れないこともあって，日常生活に大きな支障をもたらすことがあるんですね。確かに，**砂漠地域で大雨が降ると被害が大きい**のといっしょです！

　　*ホワイトアウト：雪などによって視界が真っ白になり，方向や地形の起伏などがわからなくなる現象。

　　**地吹雪：いったん降り積もった雪が，風で上空に吹き上げられる現象。ホワイトアウトが生じることが多い。

2 夏季の猛暑と冷夏

　冬季は「西高東低」の気圧配置でしたが，**夏季は「南高北低」**！！！　特に梅雨が明けると，晴天が続きます。梅雨が長いとジメジメしてイヤだし，かといって**空梅雨**だと，水不足（渇水）が起こったりするから，これまた大変な事態に！　**西日本，特に瀬戸内は夏の降水量が少なく，大きな河川もないので水不足になりやすい**です。

〔1〕猛暑　最高気温が35℃以上の**猛暑日***や夜間の最低気温が25℃未満にならない**熱帯夜**が増加傾向。**熱中症**の健康被害も多発。

　*猛暑日：日中の最高気温が35℃以上の日で，30℃以上ならば真夏日，25℃以上ならば夏日という。

〔2〕冷夏　小笠原気団が発達せず，**オホーツク海気団が優勢なまま**夏を迎えると冷夏になる。冷涼湿潤な**やませ**が吹き込み，**東日本の太平洋岸では冷害**が発生する。

3 台風による災害

　ほとんどの台風は，**夏から秋にかけて発生し，特に日本への接近数，上陸数は8〜9月に多い**です。北半球の低緯度海域で発生した台風は，太平洋高気圧の縁に沿って移動し

つつ，貿易風の影響を受け**西進**します。より高緯度に移動した台風は，偏西風の影響を受けて**東進**するのが典型的なパターンといわれますが（図1），そのまま西進してユーラシア大陸に向かったり，しばしば停滞するなどさまざまなコースをとるようです。

　台風の右側は，台風の渦に偏西風が加わるため，特に**風速が速くなり暴風による被害を受けやすくなる**ので注意が必要です。台風による自然災害としては，高潮（たかしお）がかなりこわいですね。高潮は，**気圧の低下による吸い上げと強風による海水の吹き寄せ**で，陸地に海水が浸入することによって，大規模な浸水被害をもたらします（図2）。海水が一気に流れ込むので，非常に危険です！

図1　台風の進路パターン

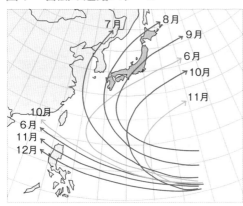

台風は暖かい南の海上で発生し，西へ進む。夏から秋には，北に向きを変えて日本に接近，上陸する台風が多くなる。

[気象庁HPをもとに作成]

図2　高潮発生のメカニズム

① 気圧低下による海面の吸い上げ
台風や低気圧の中心気圧は周辺より低いため、周囲の空気は海面をおしつけ、中心付近の空気が海面を吸い上げるように作用する結果、海面が上昇する。

② 風による吹き寄せ
台風にともなう強い風が沖から海岸に向かって吹くと、海水は海岸に吹き寄せられ、海岸付近の海面が異常に上昇する。
水深が浅いほど、風の吹き寄せ作用がよくはたらき、高潮が発達しやすくなる。

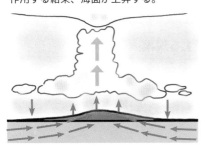

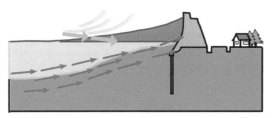

[国土交通省HPをもとに作成]

④ 大雨と集中豪雨（しゅうちゅうごう う）

　恵みの雨ですが，ある一定量以上の降水は，深刻な災害をもたらします。災害の危険度は，突然増すので要注意！！！

　〔1〕**梅雨前線や秋雨前線の影響**　梅雨前線や秋雨前線の停滞によって，太平洋からの湿潤な空気が継続的に流入する場合，**大雨**や**集中豪雨**が発生。

　〔2〕**台風の影響**　台風の周囲を吹く**反時計回りの風**が，**山地の南東斜面**で連続的に上昇気流を発生させる場合，**大雨**や**集中豪雨**が発生。大雨や集中豪雨が発生すると，洪水災害が深刻化，土砂災害の引き金にもなる。

〔3〕**外水氾濫**　雨や融雪によって，**大量の水が一気に河川に流れ込むと**，越流（河道から水があふれること）や破堤（堤防が壊れ，水が堤内に流れ込むこと）が生じ，**河川の水が堤内地*に流入する氾濫。河道が急に曲がるところ，川幅が急に狭くなるところ，河川の合流点**などは越流や破堤を起こしやすい。このため，**不連続堤****（図3）や遊水池***を設けるなどして，洪水の被害を最小限に食い止める工夫がなされてきた。

*堤内地：堤防で守られていて，住宅などが建設されている側の土地。つまり河川から見て，堤防の外側。逆に，堤防から河川側のことを堤外地という。

**不連続堤：河川から水を徐々に流出させるため，切れ目を入れた堤防で，霞堤ともよばれる。切れ目がない堤防は連続堤。

***遊水池：河川からいったん水をあふれさせ，帯水させるための池。遊水地ともいう。

図3　不連続堤のしくみ

通常時

増水時

増水後

〔4〕**内水氾濫**　**堤内**（住宅地などが立地している側）**に降った雨が，河川に排出されず，家屋などが浸水する氾濫。短時間の集中豪雨に排水が追いつかない場合**と河川水位が高くなりすぎて，河川に排出されない場合がある。**低地ほど内水氾濫を起こしやすい。**

〔5〕**土砂災害**　土砂災害は，大雨，集中豪雨だけでなく，地震，火山噴火なども原因となりますが，ここではおもに雨による土砂災害について学びましょう（図4）。①〜③ともに，浸透した水や地表の水が集まりやすい地形や地質，植生に乏しい裸地で発生しやすいです。

① **斜面崩壊**　**斜面表層の土砂や岩石などが滑り落ちる現象**で，崖くずれともいわれる。斜面が急であったり，谷の斜面のように水が集まりやすいところで生じる。

② **地すべり**　**地表面が原形を保ったまま，地層の一部がすべり落ちる現象。**

③ **土石流**　**岩石や土砂が水とともに一気に流下する現象。**

図4　土砂災害の分類

斜面崩壊

地すべり

土石流

[国土交通省 HP]

04 都市と自然災害

都市化が進んでいる日本では，都市特有の災害に見舞われることがある。都市の危険はどこに？

1 都市型水害

森林土壌（しんりんどじょう）は，「緑のダム」とよばれるように，降った雨が土壌に浸透したり，樹木に付着したりして，**河川に流入する水の量や時間をコントロール**してくれます。でも，都市化が進んでいる地域ではどうでしょう？

都市部では，地表のほとんどが**アスファルト**，**コンクリート**，**建築物**などの人工物に覆われています。すると降った雨は，**すべて排水路や小河川に流入**し，さらには排水が追いつかない場合には，そこから**低地に流れ込み**内水氾濫（ないすいはんらん）が起こってしまうのです。しかも都市部には，地下街，地下鉄，アンダーパス（掘り下げ式の立体交差）など危険箇所が目白押し！！！

2 都市型水害への対策

このような都市型水害の被害を減らすため，**公園や運動場を**洪水調整池（こうずいちょうせいち）（万が一のときは，ここに水がたまる）としたり，地下に大規模な空間を設ける地下調整池や地下河川（ちかちょうせいち）の建設などもおこなわれているのです。きっとみなさんの身近なところにも，このような水害対策がなされているはずですよ。

図1　調整池の働き

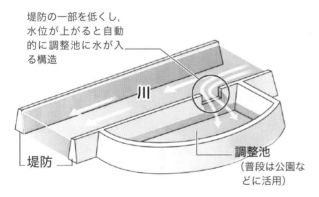

堤防の一部を低くし，水位が上がると自動的に調整池に水が入る構造

川

堤防

調整池
（普段は公園などに活用）

写真1　首都圏外郭放水路（春日部・埼玉）

写真2　神田川環状7号線地下調整池（東京）

📍地下調整池のポイント！

河川沿いにビルや住宅が建設されていると，川幅を広げるなどの河道整備が難しいです。そこで洪水の一部を地下の空間に貯留させたり，地下トンネルで流したりすることによって，水害に対する安全性を向上させています！

③ ヒートアイランド現象

　夏の日中は特にですが，都心部を歩くとすごく暑いですよねぇ。ところが，ちょっと郊外まで遊びに行くと，「そんなに暑くないじゃん！　けっこう気持ちいいな〜」ってなります。これはいったいなんなのでしょう？

　都市では，**地表を覆っているアスファルトやコンクリートなどの人工物**が日中の日射による熱をたくわえます。それから**自動車やエアコンからは人工的な排熱**が加わります。こんなふうに，**都心部の気温が郊外より高くなってしまう現象**をヒートアイランドとよんでいるのです。等温線を描くと，都心部が島のように高温になっていることから，こうよばれるようになりました（図2）。

④ ヒートアイランド現象への対策

　ヒートアイランド現象によって，**熱中症**の被害も増えてるといわれています。どうすれば，少しでも防ぐことができるでしょう？　そのために，**太陽光を吸収しにくい素材や塗装の利用，高層ビルなどの屋上や壁面の緑化，雨水などをたくわえて打ち水***の実施，**風通しがよい建築物の構造・配置**などさまざまな努力がおこなわれているのです。

　　＊打ち水：水が蒸発する際の気化熱の働きで，周囲の温度を下げる行為で，日本では古くからおこなわれてきた。近年は，都市部で雨水や下水再生水などを利用した打ち水を，ヒートアイランド対策として多くの自治体が奨励している。

図2　ヒートアイランド現象

都市部が島のように高温になっている

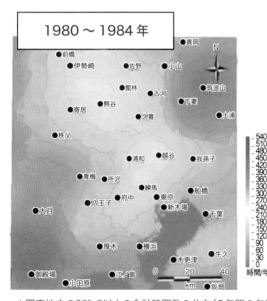
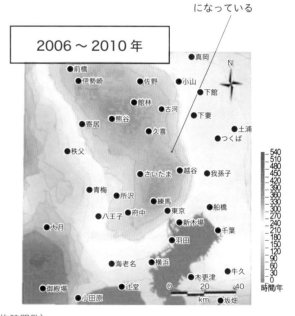

＊関東地方の30℃以上の合計時間数の分布（5年間の年間平均時間数）

［環境庁「ヒートアイランド対策ガイドライン」（平成21年）　をもとに作成］

05 防災・減災と復旧・復興

防災・減災のためには，自助，共助，公助が重要！これまでの災害の教訓を生かさなければ！

1 自助・共助・公助 (じじょ・きょうじょ・こうじょ)

災害時の対応は，だれが主体なのかという違いで，自らが対応し，自らが自分の身を守る「自助」，近隣の人々や共同体で助け合う「共助」，消防，警察，自衛隊などの公的支援による「公助」があります。

〔1〕**自助**　自分が住んでいる地域，通っている学校，勤めている職場などで災害が起こった場合，**避難所の確認**，**家屋の耐震対策**などをおこない，**自分の身を自分自身で守る**こと。これこそ，防災・減災の第一歩！！！

〔2〕**共助**　近隣や地域の**人々と協力し**，**助け合って地域の安全を守る**こと。**防災訓練・ボランティアへの参加や高齢者・障害者への支援**など

〔3〕**公助**　住民の避難勧告などの判断に必要な**ハザードマップなどの情報伝達**や災害対策基本法に基づく**消防，警察，自衛隊などの派遣による救助活動や電気・ガス・水道などのライフラインの確保**など。これが国や地方公共団体の役割！（図1）

図1　災害時の公的機関の活動と支援の動き

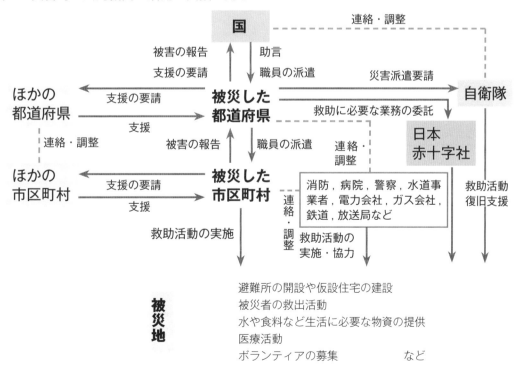

2 公助の限界と自助・共助の強化

　国や地方公共団体の判断や支援は強力で，とっても重要な役割を果たしてくれますが，大規模災害によって，公的な機関自体が被災してしまった場合，まったく機能しなくなります。たとえば，阪神・淡路大震災や東日本大震災などが代表的な例ですね。こういうときに力を発揮するのが，自助・共助です。**家族，友人や隣人などの地域住民どうしの助け合いによる救助，避難誘導，避難所運営**が重要になってきます。日ごろから人間関係を構築しておくってことは，大切なことですね。

　ただ，都市部はどうしても他地域から移り住んできた人々が多いため，**地域の災害環境に対する知識不足や近隣との関係が希薄**であることから，防災組織の活動が十分ではない地域もあります。いっぽうで，大規模災害を経験してきた地域や将来の大規模災害が予測される地域などでは，自主防災組織が活発に運営されているところもあるのです。

3 復旧と復興

　テレビなどのメディアで被災地の状況を見ることがあると思います。見るたびに，被災地の人々の気持ちを考えると，強烈に心が痛み，何か自分にもできないだろうかと感じるのではないでしょうか。復旧と復興には，**多額の資金と多くの人手という支援が必要**になります。しかも，一過性ではなく，**継続的な支援が必要**だということを忘れてはいけません。

　① **復旧**　電気，ガス，水道，道路などの**ライフラインを，被災前の機能に戻すこと**。
　② **復興**　**被災者の生活再建，生活環境の向上，産業の振興，再び災害に見舞われたときの備えとして災害防御力の強化**などをおこなうこと。

図2　防災アプリ画面の一例

水害リスクマップ

 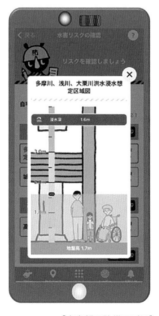

河川の氾濫や高潮による浸水、土砂災害といった都内で想定される水害リスクが視覚的にわかりやすく表示される

[東京都の防災アプリ]

[第2節]　**自然災害と防災**

問1　次の文章中の空欄に適当な語句を入れなさい。

1　日本はプレート境界付近に位置しており，プレートが動くことで，岩石がずれる 〔 ① 〕 が起こり，岩石が破壊されたり，ずれたりする際の震動を 〔 ② 〕 という。

2　地震の規模を示す指標には，震源の破壊やずれの規模を示す 〔 ③ 〕 と地上での揺れの規模を示す 〔 ④ 〕 がある。

3　地震には， 〔 ⑤ 〕 型地震とよばれるプレート境界地震とプレート内部の 〔 ⑥ 〕 の動きで発生するプレート内地震があるが，前者は震源が深く，しばしば 〔 ⑦ 〕 を発生させ，2011年の 〔 ⑧ 〕 地震では，東日本に甚大な被害を与えた。後者は比較的震源が浅く，1995年の 〔 ⑨ 〕 地震ではインフラやライフラインを切断し，西日本に甚大な被害を与えた。

4　地震の際に，地盤が液体状の性質になってしまう 〔 ⑩ 〕 は，地盤が軟弱な 〔 ⑪ 〕 や三角州などで生じやすい。

5　日本は世界有数の火山国だが，地域差は大きく， 〔 ⑫ 〕 沿いと 〔 ⑬ 〕 から小笠原諸島にかけて火山が分布している。

6　火山噴火で，大量に放出された火山灰は，降灰となって農地や家屋に被害を与えるだけでなく，長期間大気中を浮遊することによって，気温を低下させるなどの 〔 ⑭ 〕 を引き起こすこともある。

7　火山が噴火すると，高温の溶岩が流下する溶岩流，高温のガスを含む火山噴出物が高速で流下する 〔 ⑮ 〕 ，噴火後に火山灰や火山岩などが土石流となって流下する 〔 ⑯ 〕 が発生することがある。

8　冬季に， 〔 ⑰ 〕 気団が優勢になると「 〔 ⑱ 〕 」の気圧配置となり，寒冷な北西季節風の影響で 〔 ⑲ 〕 側を中心にたびたび豪雪に見舞われる。また，本州の南側を 〔 ⑳ 〕 が通過すると，太平洋側や内陸部でも大雪を降らせることがある。

9　北半球の熱帯海域で発生した台風は， 〔 ㉑ 〕 の影響を受け西進し，より高緯度に向かうと 〔 ㉒ 〕 の影響を受け東進することがある。

10　洪水災害のうち，河川から水があふれ出したり，堤防が決壊することによって，堤防でまもられている地域に，河川からの水が浸入する氾濫を 〔 ㉓ 〕 ，堤防に守られている側に多くの雨が降り，小河川や排水路に排出されず，家屋などが浸水する氾濫を 〔 ㉔ 〕 という。

11　大雨によって，斜面表層の土砂や岩石などがすべり落ちる現象を 〔 ㉕ 〕 ，地層の一部がすべり落ちる現象を地すべりという。

12 地表面が人工物に覆われたり，人工的な排熱の影響で，都心部が郊外より気温が高くなってしまう現象を 　㉖　 といい，熱中症の原因の一つになっている。

13 災害時に自らが対応し，自らが自分の身を守ることを「　㉗　」，近隣の人々や共同体で助け合う「　㉘　」，消防，警察，自衛隊などの支援による救助を「　㉙　」という。

14 災害後に，ライフラインを被災前の機能に戻すことを 　㉚　，被災者の生活再建，産業の復興，災害防御力の強化などをおこなうことを 　㉛　 といい，ともに多額の資金や多くの人手が必要になる。

問2　次の文章のうち，適当でないものをすべて選びなさい。

1 日本は地震の多発地帯であり，世界有数の火山国であることから，ハザードマップ（防災地図）の作成，災害時の避難経路の確立，耐震強度を持った構造物の建設などを進める必要がある。

2 火山は，災害だけでなく，雄壮な景観や温泉などの観光資源，地熱資源，有用な金属鉱床，豊富な地下水など多くの恵みを与えてくれる。

3 ホワイトアウトとは，降雪や地吹雪などで，視界がほとんどなくなることである。

4 オホーツク海気団（オホーツク海高気圧）が発達せず，小笠原気団（太平洋高気圧）が優勢になると，冷夏になることが多い。

5 台風の左側は，特に風速が速くなり暴風による被害を受けやすくなるので，注意が必要である。

6 河川から水を徐々に流出させ，再び徐々に流入させるために，切れ目を入れた堤防を不連続堤（霞堤）という。

7 都市部では，地表の大部分が建築物，アスファルト，コンクリートなどに覆われているため，雨水がスムーズに河川に流入することから，洪水が生じにくい。

8 大規模災害の際には，公的機関が被災してしまった場合に，機能を果たさなくなるため，家族，友人，知人，近隣住民の助け合いが重要である。

答え　問1　① 断層運動　　② 地震　　　　③ マグニチュード　　④ 震度　　　　⑤ 海溝
　　　　⑥ 活断層　　　⑦ 津波　　　　⑧ 東北地方太平洋沖　　⑨ 兵庫県南部　⑩ 液状化
　　　　⑪ 埋め立て地　⑫ 火山前線（火山フロント）　　⑬ フォッサマグナ（大地溝帯）
　　　　⑭ 異常気象　　⑮ 火砕流　　　⑯ 火山泥流　　　　⑰ シベリア　　⑱ 西高東低
　　　　⑲ 日本海　　　⑳ 南岸低気圧　㉑ 貿易風　　　　　㉒ 偏西風　　　㉓ 外水氾濫
　　　　㉔ 内水氾濫　　㉕ 斜面崩壊　　㉖ ヒートアイランド　㉗ 自助　　　　㉘ 共助
　　　　㉙ 公助　　　　㉚ 復旧　　　　㉛ 復興
　　　問2　4　（小笠原気団が発達せず，オホーツク海気団が優勢になると冷夏になる）
　　　　　　5　（台風の右側が風速が速くなる）
　　　　　　7　（地表が人工物に覆われていると，雨水が地中に浸透しないため，短時間で大量の降水が小河川や排水路に流入するため，都市型水害が生じやすい）

第2章

生活圏の調査

身近な生活圏の地理的課題について考えてみよう！

01 地域調査
身近な地域を調査すると，われわれの生活圏における課題が見えてくる！

1 地域調査

　わたしたちが居住している地域も，高層ビルが建ち並ぶ都心も，長い歴史の中で形成されてきました。そこには，**地形や気候などの自然条件の利用や自然環境の克服**など多くの人々が関わり，地域社会（地域コミュニティ）を築いてきたのです。これらの地域がどのように形成されてきたのか，どのように変化してきたのかを理解するには，地域調査はとっても有効な方法です。

2 地域調査

　なんとなく「○○市を調べてみよう！」そして「その中で面白そうなことがあったら，そのときに考えてみよう！」では，思いもよらぬ方向に進んでしまって，けっきょくなんにもわからなかったということになってしまうこともあるので，**調査をおこなう地域の規模を決め**，次の〔1〕～〔5〕のような視点から課題を設定するといいですね。**身近な地域にしかない課題**もあるだろうし，**日本各地でみられる共通課題**もあるだろうし，いろいろな調査テーマを探してみましょう！

〔1〕地域　① その地域にはどのような特徴があるのか？

　　　　　　② どうしてそのような特徴が形成されるようになったのか？

　　　　　　③ これからどのような地域にしていったらいいのか？

〔2〕位置・分布

　　　　　　① その事象（たとえば，中心商店街）はどこに位置しているのか？

　　　　　　② その事象はどのように分布しているのだろうか？

　　　　　　③ その事象がそこに位置・分布しているのはなぜだろうか？

〔3〕場所　① その場所（たとえば都市再開発がおこなわれているところ）はどのような特徴があるのだろうか？

　　　　　　② その場所は，他の場所と共通点がないだろうか？

〔4〕自然環境と人々の生活との関係

① 人々の生活は，地形環境からどのような影響を受けているだろうか？

② 人々の生活は，気候環境からどのような影響を受けているのだろうか？

③ 人々の生活は，自然環境にどのような影響を与えているのだろうか？

〔5〕他地域との結びつき（関係性）

① その場所は，他地域とどのような関係性（たとえば交通網での結びつき）をもっているのだろうか？

② どうして他地域との関係性が強く（弱く）なっているのだろうか？

③ 資料調査

自分の居住地付近などの身近な情報や関連資料は，市役所，図書館，インターネットなどを利用すると手に入れることができます。実際に足を運んで資料を探すことも大切ですし，**政府や各種行政機関が公開している**公式 Web サイトもたくさんありますから，テーマに即した探し方をするといいですね。

たとえば「少子高齢化」なら厚生労働省，「観光」なら観光庁，「環境問題」なら環境省，「防災」なら国土交通省の HP などに当たるのも手です。そして，重要なことはただ資料を集めるだけでなく，**収集した資料を分析して，課題を見つけ，課題の解決策についての仮説***を設定する必要があります。

＊仮説：さまざまな自然現象や社会現象を説明したり，関連性・法則性を見つけ出すために，仮に立てた説のこと。

④ 野外調査

野外調査（現地調査）を実施するには，事前の計画や立案がとっても重要になります。特に，調査の目的，内容，方法をはっきりさせないといけませんね。これをはっきりさせておかないと，思わず楽しくて，その場でいろいろな興味がわいてきて，どんどん話題や思考がそれてしまう（これも面白いのですが…）。そのうえで，**現地の写真や映像を録る，スケッチやメモをとる，聞き取り調査をおこなう**などを実施します。

⑤ まとめと発表

資料調査や野外調査で収集した情報や観察の結果は，分析にあたっても，発表にあたっても，**整理し図表などにまとめる**といいです。特にグラフや統計地図を作成すると，**課題が可視化**されるため，課題解決への手がかりとなることがあります。その際には，本書で学んだ GIS（地理情報システム）が大活躍！！！ テーマに沿って，指標に即した統計地図を作成しましょう！

地域調査を実施すると，身近な地域でどのような活動や努力がおこなわれているのか，そしてどのような課題を抱えているのかが見えてきます。これを機会に，持続可能な社会を支える 1 人の人間として，これからの人生を歩んでほしいです。

地誌的考察への導入

　地理の学習法には，自然環境，産業，人口などのテーマごとに知識・理論・背景などを学ぶ「**系統地理**」と系統地理で学んだ地理の学力をいかして，地域や国の特徴や関係性を学ぶ「**地誌**」があります。

　本書で「地理総合」を学んできたみなさんは，きっと「世界をもっと知りたい！」という気持ちでいっぱいでしょうから，ここではほんのちょっぴり，世界の地誌をのぞいてみましょう。もっと体系的に学んでみたい人は，「**地理探究**」で会いましょうね♥ ♥ ♥ ♥

図1　世界の地域区分図

♥ さまざまな地誌的考察方法

① 取り上げた地域の事象を，地形，気候などの自然環境，農業，工業，商業などの産業，人口，民族・言語，宗教などの社会のようにテーマごとに整理して考察（静態地誌的考察）。

② 取り上げた地域の特色ある事象を取り上げ，それに関連する他の事象と関連づけて地域の特色を考察（動態地誌的考察）。

③ 複数の地域を比較して考察（比較地誌的考察）。

　というように，さまざまな考察方法がありますが，世界を大小いろいろなスケールで，多面的，多角的に考察し，総合的に理解を深めるところに，地誌学習の面白さがあるのです！

1 アジア

〔1〕自然環境

① 地　形　ユーラシア大陸の南縁をアルプス・ヒマラヤ造山帯，東には環太平洋造
山帯が位置し，高く険しい山脈・山地，高原が分布。チベット・ヒマラヤ山系か
ら流出する黄河，長江，メコン川，ガンジス川，インダス川の大河沿いには大規
模な沖積平野が発達。

② 気　候　夏季の季節風（モンスーン）により降水に恵まれ，おもに温帯や熱帯が
広がるモンスーンアジア（**東アジア，東南アジア，南アジア**）と降水量が少なく
おもに乾燥帯が広がる乾燥アジア（**西アジア，中央アジア**）。

〔2〕産　業　「世界の成長センター」とよばれるほど経済発展が進み，**日本，韓国，シ
ンガポール**などでは，ハイテク産業など**工業の知識集約化**が進展。**中国**は「**世界の
工場**」で，**鉄鋼，アルミニウム，自動車，PC，各種機械類などの生産は世界最大！**
近年は，ASEAN，インドなどでも工業化が進む。西アジアでは，**アラブ産油国が世
界屈指の高所得国**に！

〔3〕社　会　**中国，インド，インドネシア，パキスタン，バングラデシュ，日本，フィ
リピンは人口1億人以上の人口大国**。世界の総人口の約60%がアジアに居住。言語
は多様で，宗教も東南アジア，中国，日本などでは仏教，西アジアから中央アジア
にかけては**イスラーム**，インドでは**ヒンドゥー教**が信仰されている。

図2　東アジア

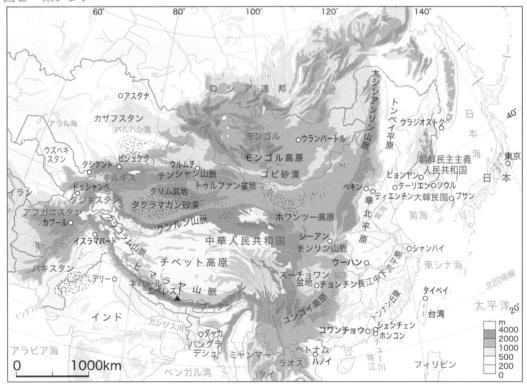

② アフリカ

〔1〕自然環境

① 地　形　**アフリカ大陸とマダガスカル島の大半が**安定陸塊。アフリカ大陸の北端には新期造山帯*のアトラス山脈，南端には古期造山帯**のドラケンスバーグ山脈。アフリカ大陸東部には，**プレートの広がる境界**に当たるリフトヴァレー（大地溝帯）が南北に通過し，周辺は隆起量が大きく，火山，断層湖などが分布。

* 新期造山帯：プレートのせばまる境界の変動帯に当たり，中生代後半から新生代の造山運動で形成された高峻な山脈。

** 古期造山帯：プレート内に位置する低くなだらかな山脈で，地殻変動が少ない安定陸塊とともに安定地域を形成。

② 気　候　アフリカ大陸のほぼ中央部（ヴィクトリア湖北端）を赤道が通過。北端と南端は，ほぼ**緯度35度**で，**気候帯が南北対称的に分布**。気候帯別面積比は，B＞A＞C。

〔2〕産　業

工業化が遅れ，多くの国では**農業就業人口率が高い**。GDP（国内総生産）に占める農業生産額の割合も高い。**北アフリカの産油国**と**南部の南アフリカ共和国やボツワナなどの資源大国**は，工業化や経済発展が進む。近年は，**中国**との結びつきが強化。

〔3〕社　会

北アフリカは，コーカソイド（白色人種）のアラブ人が多く，イスラームが信仰されているが，**中南（サハラ以南）アフリカ**は，ネグロイド（黒色人種）が多く，原始（伝統）宗教を中心にキリスト教，イスラームなどが信仰されている。

図3　アフリカ

3 ヨーロッパ

〔1〕自然環境

① 地 形　ピレネー山脈，アルプス山脈，カルパティア山脈を結ぶライン以南は，高く険しい変動帯（新期造山帯）の山脈，アルプス山脈より北側は安定陸塊の構造平野が広がる。ヨーロッパ北部は，更新世には大陸氷河に覆われていた。

② 気 候　北西部は，偏西風と暖流の北大西洋海流の影響で，高緯度の割に冬季温暖な西岸海洋性気候（Cfb）。地中海地方は，夏季に亜熱帯高圧帯の影響で高温乾燥，冬季に偏西風（亜寒帯低圧帯）の影響で温暖湿潤な地中海性気候（Cs）。東部は，偏西風の影響が弱まり，冬季寒冷で気温の年較差が大きい亜寒帯湿潤気候（Df）。

〔2〕産 業　18世紀後半，イギリスで始まった産業革命以降，世界の経済をリード。第二次世界大戦後，相対的地位が低下するが，先端技術産業への産業構造の転換とEU（ヨーロッパ連合）による統合で再活性化。EUでは，人，モノ，資本，サービスの自由化を実現。

〔3〕社 会　ヨーロッパ人の大部分は，インド・ヨーロッパ語族に属する言語を使用。北西ヨーロッパはゲルマン語派でプロテスタント（新教），南ヨーロッパはラテン語派でカトリック（旧教），東ヨーロッパはスラブ語派でオーソドックス（正教会，東方正教）が多い。スイス（ドイツ語，フランス語，イタリア語，ロマンシュ語），ベルギー（オランダ語，フランス語，ドイツ語）などは複数の公用語を採用する多言語国家。

図4　ヨーロッパ

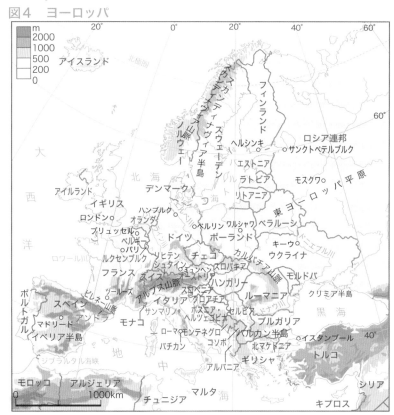

4 ロシアと周辺諸国

〔1〕自然環境

① 地形　古期造山帯の**ウラル山脈**以西はヨーロッパロシア，以東はシベリア。ロシアの大半は安定陸塊の構造平野と準平原だが，**東シベリア（極東ロシア）からカムチャツカ半島にかけては**，環太平洋造山帯で火山が多い。ヨーロッパロシアは**更新世に大陸氷河が被覆**，東シベリアの地中には現在でも永久凍土が分布。

② 気　候　北極海沿岸はツンドラ気候（ET），ヨーロッパロシアと西シベリアは亜寒帯湿潤気候（Df），東シベリア（極東ロシア）は亜寒帯冬季少雨気候（Dw）で，冬季は極めて寒冷（**北の寒極**）。中央アジアは温暖だが，降水量が少ない乾燥気候（BS，BW）。

〔2〕産　業　**1991年のソ連解体**により，**計画経済から市場経済**へ移行。1990年代は**社会・経済が混乱**していたが，2000年代以降は**ロシア**や**カザフスタン**などでは，**原油，天然ガス輸出**による収入をもとに経済回復。ロシア，ベラルーシなどはCIS（独立国家共同体），バルト三国はEUに加盟。

〔3〕社　会　中央アジアを除いて，**人口減少国**が多い。**ロシア，ウクライナ，ベラルー**シはインド・ヨーロッパ語族，スラブ語派でオーソドックス（正教会, 東方正教）だが，**中央アジアのカザフスタン，ウズベキスタン**などはアルタイ諸語でイスラーム。

図5　ロシアと周辺諸国

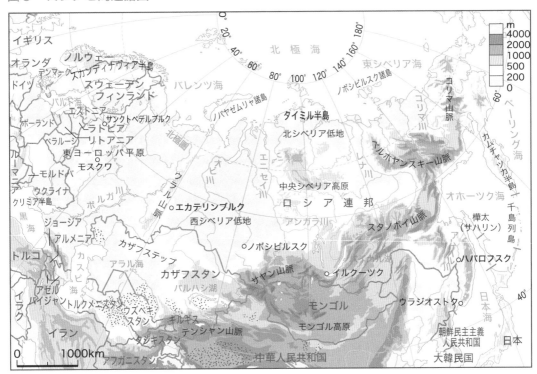

5 アングロアメリカ

〔1〕自然環境

① 地　形　北アメリカ大陸の**西部**は，新期造山帯（環太平洋造山帯）の高峻な山脈や高原，**北東部**は**安定陸塊の楯状地**，南東部は古期造山帯のなだらかな山地。ミシシッピ川流域には構造平野が広がり，大西洋岸からメキシコ湾岸にかけては広大な海岸平野。

② 気　候　西経100度を境に，**西部は乾燥気候，東部は湿潤気候**。アラスカ・カナダの北極海沿岸はツンドラ気候（ET），カナダの大部分とアメリカ合衆国五大湖地方は亜寒帯湿潤気候（Df）だが，アラスカ・カナダの太平洋岸は偏西風の影響で西岸海洋性気候（Cfb）。アメリカ合衆国東部は大半が温暖湿潤気候（Cfa）だが，西部内陸は大半が乾燥気候（BS，BW），太平洋岸は夏季に乾燥する地中海性気候（Cs）。

〔2〕産　業　アメリカ合衆国は**世界最大の食料基地**で，**農産物の輸出額は世界最大**。第二次世界大戦前後は「世界の工場」とよばれたが，近年は脱工業化が進み，シリコンヴァレーなどでの**研究開発（R&D）**は世界を大きくリード。**北緯37度以南のサンベルト**には，**先端技術産業**の集積地が多数形成。

〔3〕社　会　カナダとアメリカ合衆国は，イギリスの支配・影響を受けたためアングロアメリカとよばれる。ともに多民族国家で，かつては**ヨーロッパ系白人**が経済・社会で優位に立っていたが，近年は多文化主義政策のもと移民してきた各民族の共生を図る社会を目指す。

図6　アングロアメリカ

6 ラテンアメリカ

〔1〕自然環境

① 地　形　南アメリカ大陸の大半は安定陸塊。中央アメリカの大陸部，カリブ諸国，南アメリカ大陸西部は，**プレートのせばまる境界**に当たる新期造山帯で，地震，火山が多い。

② 気　候　**ガラパゴス諸島（エクアドル領）～エクアドル（「赤道」の意）～アマゾン河口付近を赤道が通過。**南アメリカ大陸は，全大陸中で最も**熱帯気候（Aw,Af）の面積割合が大きい！**　アルゼンチン，ウルグアイには温暖湿潤気候（Cfa），チリ中部には地中海性気候（Cs），チリ南部には西岸海洋性気候（Cfb）など多様な気候が分布。

〔2〕産　業　**発展途上国**が大半を占め，かつては先住民による伝統農業とヨーロッパからの移民によるプランテーション農業が中心であったが，近年は**資源開発，企業的農業，工業化**などが進むとともに，MERCOSUR（南米南部共同市場）など地域経済協力も活発化している。

〔3〕社　会　メキシコ以南は，スペイン（ポルトガル）の支配・影響を受けたためラテンアメリカとよばれる。古くから**先住民による古代文明**が栄えたことから，アングロアメリカに比べると**先住民人口**が多い。ヨーロッパ系白人と先住民との混血（メスチソ）が進み，多くの国でメスチソが多数を占めるが，**アルゼンチン，ウルグアイは白人，ペルー，ボリビアは先住民**の割合が高い。

図7　ラテンアメリカ

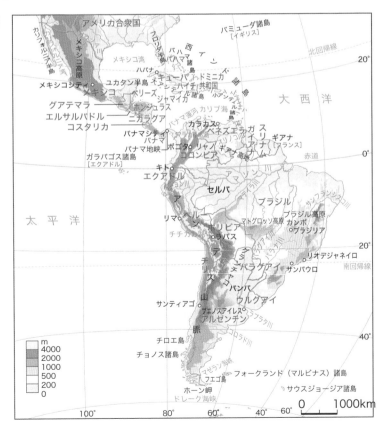

第3編

持続可能な地域づくりとわたしたち

187

7 オセアニア

〔1〕自然環境

① 地　形　オーストラリア大陸は大部分が安定陸塊だが，東部山地（**グレートディ**
ヴァイディング山脈）とタスマニア島は古期造山帯。オセアニア島嶼部は新期造山帯
に属する火山島やサンゴ礁島。オーストラリア北東岸には，世界最大のサンゴ礁海岸
である**グレートバリアリーフ**（大堡礁）。

② 気　候　オーストラリア大陸のほぼ**中央部を南回帰線（南緯23.4度）が通過**し，
乾燥気候（BS,BW）の割合が**約70%**を占める。ニュージーランドは年中偏西風の
影響を受けるため，全域が西岸海洋性気候（Cfb）。ミクロネシア，メラネシア，
ポリネシアなどの島嶼部は，大半が熱帯雨林気候（Af）。

〔2〕産　業　**オーストラリアとニュージーランドは先進国**だが，人口が少ないことも
あって，大規模で**国際競争力が高い農牧業**が得意！　主要な輸出品は，オーストラリ
アが**石炭，鉄鉱石**などの資源，ニュージーランドは，**酪農品，肉類**などの農産物。

〔3〕社　会　オーストラリアの先住民はアボリジニー，ニュージーランドの先住民はポ
リネシア系マオリ。ともに当初は，イギリス系白人による国家を目指したが，1980
年代ごろより多文化主義政策に転換。

図8　オセアニア

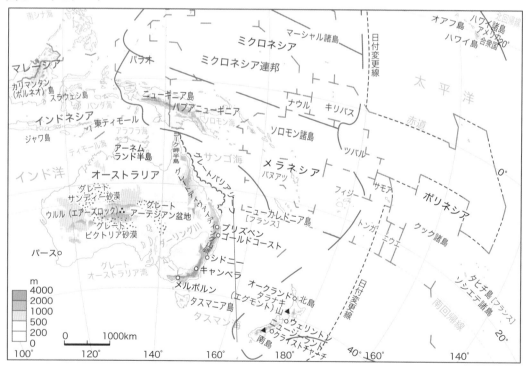

意味つき索引

MEMO

MEMO

MEMO

著者紹介

瀬川　聡 （せがわ・すなお）

◉　　河合塾地理科講師。福岡県出身。西南学院高等学校（福岡市）の専任教諭として多くの卒業生を輩出。東京書籍文科省検定教科書『地理総合』、『地理探究』編集協力者。

◉　　現在は、河合塾地理科講師として、全国の校舎を股に掛け熱い授業を展開。東大対策から共通テスト対策講座まで幅広く担当し、これまでライヴ授業で教えてきた受験生は数十万人にのぼる。授業で発せられる言葉ひとつひとつからは、受験地理対策にとどまらない、人生において大切な教訓を得ることができると好評を博している。

◉　　北海道から沖縄まで全国配信される映像授業「河合塾マナビス」でもライヴ授業同様の熱量の高い授業を展開。授業以外でも、模試、テキスト作成に加え、高校教員研修（河合塾、教育委員会、私学協会、地理部会）、各種講演会等で活躍。

◉　　おもな著書に『大学入学共通テスト 地理Bが1冊でしっかりわかる本 ［系統地理編］』『大学入学共通テスト 地理Bが1冊でしっかりわかる本 ［地誌編］』（いずれも、かんき出版）、『瀬川＆伊藤のSuper Geography COLLECTION 01 大学入試　カラー図解　地理用語集』『瀬川聡の 大学入学共通テスト 地理B ［系統地理編］超重要問題の解き方』『瀬川聡の 大学入学共通テスト 地理B ［地誌編］超重要問題の解き方』（いずれも、KADOKAWA）、『大学入学共通テスト 瀬川聡 地理B講義の実況中継① 系統地理編』『大学入学共通テスト 瀬川聡 地理B講義の実況中継② 地誌編』（いずれも、語学春秋社）など多数。

◉　　地理の面白さを日本中に伝える教養番組・YouTubeチャンネル「瀬川聡と伊藤彰芳のジオラジ」も配信中。

　YouTubeチャンネル：@user-vx2sz3yl8e

　Twitterアカウント　：@Geo_Radi

高校の地理総合が1冊でしっかりわかる本

2023年6月19日　　第1刷発行

著　者──瀬川　聡

発行者──齊藤　龍男

発行所──株式会社かんき出版

　　　　　東京都千代田区麹町4-1-4 西脇ビル　〒102-0083

　　　　　電話　営業部：03(3262)8011代）　編集部：03(3262)8012代）

　　　　　FAX　03(3234)4421　　　　　　振替　00100-2-62304

　　　　　https://kanki-pub.co.jp/

印刷所──シナノ書籍印刷株式会社

乱丁・落丁本はお取り替えいたします。購入した書店名を明記して、小社へお送りください。ただし、古書店で購入された場合は、お取り替えできません。

本書の一部・もしくは全部の無断転載・複製複写、デジタルデータ化、放送、データ配信などをすることは、法律で認められた場合を除いて、著作権の侵害となります。

©Sunao Segawa 2023 Printed in JAPAN　ISBN978-4-7612-3092-0 C7025